August Fischer

Der Infinitiv im Provenzalischen nach den Reimen der

Trobadors

August Fischer

Der Infinitiv im Provenzalischen nach den Reimen der Trobadors

ISBN/EAN: 9783744699419

Hergestellt in Europa, USA, Kanada, Australien, Japan

Cover: Foto ©Andreas Hilbeck / pixelio.de

Weitere Bücher finden Sie auf **www.hansebooks.com**

AUSGABEN UND ABHANDLUNGEN

AUS DEM GEBIETE DER

ROMANISCHEN PHILOLOGIE.

VERÖFFENTLICHT VON E. STENGEL.

VI.

DER

INFINITIV IM PROVENZALISCHEN

NACH DEN REIMEN DER TROBADORS.

VON

AUGUST FISCHER.

MARBURG.

N. G. ELWERT'SCHE VERLAGSBUCHHANDLUNG.

1883.

Herrn

Professor Dr. E. Stengel

in dankbarer Verehrung.

Einleitung.

Dass es uns für die altprovenzalische Grammatik an speciellen Untersuchungen über einzelne Zweige derselben noch fast gänzlich fehlt, ist eine Thatsache, welche zur Inangriffnahme solcher Untersuchungen nur ermuthigen kann, um so mehr, da sich auf dem benachbarten Gebiete, dem altfranzösischen, eine so rührige Thätigkeit beobachten lässt, und durch detaillirte Erforschung der altprovenzalischen Sprachformen auch manches Streiflicht auf dunkle Punkte oder controverse Fragen der französischen Grammatik fallen wird. Als Hauptgrund, warum bei dem neueren Aufschwung der Spezialforschung das Altprovenzalische bisher etwas stiefmütterlich weggekommen ist, darf wohl die verhältnissmässig unzulängliche Zahl bis jetzt veröffentlichter zuverlässiger Texte angesehen werden, und namentlich auch die Ungewissheit, wie weit die uns überlieferten provenzalischen Handschriften die altprovenzalischen Sprachformen getreu wiedergeben. Für den wichtigsten Theil der provenzalischen Litteratur, für die Trobador-Poesie, sind wir ja leider fast nur auf Mss. angewiesen, welche von Nicht-Provenzalen, von Italienern, herrühren. Glücklicher Weise besitzen wir zur Controle der Orthographie dieser Hss. ein befriedigendes Mittel. Es ist bekannt, dass die Trobadors in der Mehrzahl ihrer Lieder die Reime, welche sie in der ersten Cobla verwandten, in allen, oder wenigstens in einer der folgenden Coblen beibehielten, dass also jedes provenzalische Lied mehrere oft recht umfangreiche Reimreihen aufzuweisen hat. Da nun die provenzalische Lyrik fast durchweg für den mündlichen

1

Vortrag, nicht für die Lectüre bestimmt ist, so ist die lautliche
Identität der Reimsilben aller zu einer Reihe gehörigen Worte
gesichert. So kann man, um nur ein sehr nahe liegendes Beispiel anzuführen, lediglich aus den Reimen feststellen, dass die
verschiedenen Schreibweisen *enher*, *einher*, *eigner*, *einger*,
eingner alle dieselbe provenzalische Lautgruppe ausdrücken;
und umgekehrt hat P.. Meyer (Romania VIII, 155 ff.) aus der
Beobachtung der Reime auf *es* dargethan, dass diese Schreibweise zwei in der Aussprache sehr scharf auseinander gehaltene Lautcombinationen vertritt *).

Uebrigens gilt die Forderung lautlicher Identität doch nur
streng für das vocalische Element der Reimsilben, die consonantischen Bestandtheile sind hier und da ungleich. So
findet sich z. B. in der von Bartsch auf Spalte 109 der Chrestomathie (3. Aufl.) abgedruckten Ballade *part*, *viellart*, *vertat* in
einer Reihe auf *ar*; ebenso steht im Boëth. (Chr.⁸ 3,8) *pesat* in
einer Tirade auf *ar***); 461,11 (M. G. 1234) *guardar*: *maltrac*.
Guir. d'Esp. 4 (B. D. 2) *pecat*: *esgar*, *esperar*. Doch werden
solche Fälle nur ausnahmsweise eintreten und Schlüsse, welche
auf zahlreiche Reime basirt sind, nicht beeinträchtigen können.

Ein weiteres Mittel zur Controle der handschriftlichen
Schreibweisen bietet uns die feste Silbenzahl der provenzalischen
Verse; doch ist dasselbe bei der schwankenden Zulässigkeit
von Hiat und Anlehnung und bei der oft sehr abweichenden
Textüberlieferung weniger nützlich, als man meinen sollte. Mit
welcher Vorsicht wir überhaupt an diese Ueberlieferung heranzutreten haben, wird schon ein Beispiel zur Genüge darthun.
In dem bei Azais abgedruckten Gedichte von Raimon Gaucelm
de Beziers (B. Gr. 8) begegnet folgende Reimreihe: *servire*,

---

*) Vgl. Zeitschrift f. r. Phil. III, 308. Ausser in Aimeri de Peg. 46
begegnet sowohl eine Reihe auf *és* wie eine auf *ès* noch in folgenden
Gedichten: Gaucelm Faidit 43, Guill. Adem. 3, Guir. de Born. 4, 16, 19,
Peire Card. 50; vgl. auch: Santa Agnes 1199 ff.

**) Dass der Boëth. wirklich in Reimtiraden abgefasst sei, ist von
Böhmer, Rom. Studien III., 133 nachgewiesen worden.

enantire, martire, murire, desire, escondire, dire, albire, cossire, grazire, lauter Nomina im obl. sg. und Infinitive. Für die ersteren ist die Endung *ire* durchaus correct, auch Verben mit der Endung *ire* neben *ir* sind nicht selten. So scheint also Alles in Ordnung. Und doch sprechen gewichtige Gründe gegen die gebotene Schreibung. Die Infinitive *servire, enantire, murire, grazire* sind nämlich, wie die spätere Untersuchung nachzuweisen haben wird, im Reime auf *ire* unzulässig. Besässen wir das Gedicht in mehreren Hss., so würde vielleicht eine die andere berichtigen; aber auch ohne dies löst sich die Schwierigkeit dadurch, dass sich sowohl für die Infinitive *escondire* und *dire*, als auch für den cas. obl. der vorliegenden Substantive und Adjective die Endung *ir* als zulässig und gebräuchlich erweist. (Vgl. p. 14 Anm.) Der Dichter könnte also die grammatisch und metrisch ganz correcte Reimreihe auf *ir* gebildet haben, und es liegt nahe, einem späteren Schreiber, der eine Vorliebe für die Form *ire* haben mochte, die Durchführung der für eine Anzahl Reimworte unzulässigen Schreibart *ire* zur Last zu legen; aber auch diese Erklärung würde nicht vollkommen das Richtige treffen. Denn es existirt noch ein zweites provenzalisches Gedicht von Uc Brunec (B. Grdr. 4), welches dasselbe Strophen- und Reimgebilde wie unser Gedicht aufweist, aber in seiner Reimreihe auf *ire* nur Worte bietet, bei welchen *ire* berechtigt ist. Raimon Gaucelm dürfte daher selbst, um auch äusserlich die metrische Identität seines Gedichtes mit dem des Uc Brunec zur Anschauung zu bringen, die unrichtige Schreibart angewandt haben. In ähnlicher Weise wie hier haben andere Dichter bei Nachahmung fremder Töne das lose *n* einer Reimreihe ihres Vorbildes durch ein festes ersetzt, ohne sich jedoch dabei eine unzulässige Mischung von Reimen mit festem und losem *n* zu gestatten. (Vgl. Guill. Anel. ed. Gisi I und Ausg. u. Abh. V, 14). Auch ist nicht ausser Acht zu lassen, dass sich, wie schon von Bartsch in seinem Grundr. p. 42 hervorgehoben worden ist, in provenzalischen Liederhandschriften zuweilen französische Lieder finden oder auch

abwechselnd provenzalische und französische Coblen, welche
von verschiedenen Dichtern herrühren *).

Es soll nun nachstehend eine Spezialuntersuchung über
den provenzalischen Infinitiv gegeben und darin vor Allem
festgestellt werden, welche Infinitive, und in welcher Form,
durch Reime der provenzalischen Lyrik **), und soweit erforder-
lich, auch durch die Silbenzahl der Verse sicher gestellt sind ***).

---

*) Das von Bartsch in einer Anmerkung a. a. O. erwähnte und Arch.
34, 408 nach H abgedruckte Gedicht beweist indess einen derartigen
literarischen Verkehr nicht. Es ist rein franz., besteht auch nicht aus
gewechselten Strophen verschiedener Dichter, sondern ist eine blosse
Botschaft, welche Bernart an Folqet entrichten soll. Die Hs. D hat
das Gedicht auch und zwar in reinerer französ. Schreibung und zugleich
mit einer zweiten Geleitstrophe versehen.

Wirklichen Wechsel provenzalischer und französischer Strophen finden
wir in einer Tenzone zwischen Gausbert und dem Grafen von Bretagne
(Grdr. 165, 5 u. 178.), die im Jahrb. 11, 16 nach a (ausserdem noch in
N Bl. 273a) mitgetheilt ist. Hier lassen sich die Strophen des Grafen,
d. h. die 1, 3, 5 u. das erste Geleit aus den Reimen als französisch nachweisen. Man vergleiche z. B nur die Reimworte *poeir, voleir, remanoir,
receveir* in der 5. Cobla, welche im Provenzalischen als *poder, voler, re-
maner (ir), recebre* nicht reimen könnten.

**) Daneben sind für die älteste Zeit auch Boët., sowie die von Bartsch
in der Chrest. und von Meyer mitgetheilten alten religiösen Gedichte
herangezogen worden.

***) Bei Besprechung von Eichelmanns Untersuchung über Flexion und
attributive Stellung des Adjectivs in den ältesten französ. Sprachdenkm.
im Literaturbl. f. germ. u. rom. Phil. (Oct. 1880) hat es Mussafia als doctrinär
bezeichnet und getadelt, dass E. »für alles Beweise verlange«, auch für
solche Dinge, von denen »wir zu wissen glauben«, dass sie sich schon
Jahrhunderte vor Beginn der uns überkommenen Literatur so verhielten,
wie sie sich in der späteren Ueberlieferung übereinstimmend darstellen,
und wie sie nun durch eine überflüssige Beweisführung gestützt werden,
eine Beweisführung, die überdies nicht möglich gewesen wäre, wenn wir
zufällig blos prosaische Denkmäler der alten romanischen Literatur
besässen. Bei aller Hochachtung vor einer so bedeutenden Autorität wie
Muss., und ohne auch die Berechtigung mancher seiner Einzelausstellungen
bestreiten zu wollen, vermag ich doch den Umstand nur als einen
glücklichen anzusehen, dass die roman. Philologie nicht lediglich auf

Unter den provenzalischen Infinitiven finden wir zunächst
eine grosse Anzahl von solchen, die als ein werthvolles Erbe
direkt aus der Muttersprache herübergenommen sind. Diese
bilden nicht nur den Grundstock des gesammten provenzalischen Verbalschatzes, sondern sie sind auch für die Bildung
der Gruppen innerhalb desselben massgebend gewesen. Es
wird daher auch der lateinische Infinitiv den Ausgangspunkt
der folgenden Erörterungen bilden müssen. Derselbe hatte sich
am Ende einer längeren Entwickelungsreihe aus einer grösseren
Mannigfaltigkeit von Formen mit geringen Ausnahmen *(esse,
posse, velle)* auf die Endung *re* fixirt, welche sich unter Ver-
mittelung eines Bindevocals *ĕ* dem Verbalstamme anfügte. Bei
Stämmen mit vocalischem Kennlaute (*a*, *i*, *e*) hatte sich der
Bindevocal nicht halten können, sondern war unter Dehnung
des Kennlautes mit diesem zusammengeflossen, während diejenigen Stämme, welche auf *u* oder consonantisch auslauteten,
den Bindevocal als kurzes *e* bewahrten. Darnach hatte man
vier Verbalgruppen (Conjugationen) mit den Infinitiven auf *āre,
īre, īre, ĕre* gebildet*)
Im Provenzalischen finden wir diese Eintheilung genau
wieder. Zunächst haben wir eine Scheidung der Infinitive in
endungsbetonte und stammbetonte, entsprechend auf der einen
Seite der lateinischen vocalischen, auf der andern der consonantischen Conjugation. Ferner bilden die provenzalischen endungsbetonten Infinitive drei Gruppen auf *ár, ír, ér*, analog
der lateinischen **a**-, **ī**-, **ĕ**-Conjugation. Während nun diese drei
Gruppen das auslautende *e* der lateinischen Infinitivendung
durchweg fallen liessen, haben die stammbetonten dasselbe
mit wenigen Ausnahmen bewahrt, weil die durch Ausfall des
Bindevocals *ĕ*, welcher unmittelbar nach der Tonsilbe nicht

Deductionen angewiesen ist, welche von einer keineswegs immer zweifel-
losen latein. Ueberlieferung ausgehen, sondern dass die roman. Literaturen
selbst die Mittel an die Hand geben, wichtige Sprachgesetze daraus
herzuleiten.
*) Vergl. Kühner, Ausführliche Grammatik der lat. Sprache I, 447.

gehalten werden konnte, entstandene Consonantengruppe einer vocalischen Stütze bedurfte. Einen besondern Infinitiv für das Perfekt oder für das Passiv hat das Provenzalische ebensowenig wie die Schwestersprachen. Auch die lateinischen Deponentia sind nicht in ihrer besonderen Gestalt bewahrt worden, sondern ihre Endung hatte sich derjenigen der activen Verben ihrer Classe angleichen müssen.

Aus den Reimreihen ergiebt sich uns sofort die Beobachtung, dass die lateinischen Infinitivendungen āre, īre, ēre provenzalisch auf dieselbe Form gekommen sind, wie die lateinischen Wortausgänge *ares, arem, aro, ari, arum,* beziehungsweise *ires* etc., *eres* etc., d. h. dass das *e* der Infinitivendung gerade so behandelt wurde, wie die andern nachtonigen Vocale (*a* ausgenommen) nach einfacher Consonanz. Nun aber lassen uns die Reimreihen im Stiche, sie lassen uns wenigstens nur selten sichere Schlüsse ziehen. Denn für den Abfall des *e* kann ja die Unzulässigkeit von Bindungen wie *are* mit *ara*, *aram* etc., nicht beweisend sein, wohl aber solche Gedichte, in welchen bei Reimwechsel in jeder oder nach mehreren Coblen *ar*, *ir*, *er* aus Analogie zu den entsprechenden Reimen der andern Coblen sich deutlich als männliche Reime documentiren. So finden wir z. B. in dem Liede Noël, Chr.[a] 17, das nach der Reimformel *aaab* gedichtet ist, *a* als wechselnden Reim und unter den Reimworten kein einziges, dessen lateinisches Etymon nachtoniges *a* bot, z. B.: *fiel, gab, profetizat, Gabriel, talen, chauzit, rei, deu, vengut, can.* In der II. Cobla steht nun der Infinitiv *maner, -er* muss also männlich auslauten. Noch stärker beweisend für den Abfall des auslautenden *e* sind solche Gedichte mit Reimwechsel, in deren Reimreihen sich lateinische Oxytona befinden, z. B. Pajol 3 (M. G. 566). Freilich wird noch nachgewiesen werden müssen, dass die Schreibart *ar, ir, er* von ältester Zeit an die einzig berechtigte ist. Soweit dies nicht, wie vorher angedeutet, durch Reimwechsel geschehen kann, wird dieser Nachweis durch solche Stellen zu führen sein, wo endungsbetonte Infinitive im Innern der Verse vor consonantisch anlautenden Wörtern stehen.

Was nun die Ausdehnung meiner Untersuchung angeht, so wird sich dieselbe nicht auf die Infinitivbildung schlechthin, d.'h. auf die Behandlung des Infinitivsuffixes beschränken können, sondern, soweit nöthig, auch die demselben vorausgehenden Stammauslaute mit einbegreifen müssen. Für die Anordnung des Stoffes wird die herkömmliche und historisch begründete Eintheilung der Infinitive massgebend sein. Es entstehen demnach vier Gruppen: drei endungsbetonte auf *ar*, *ir*, *er* und eine stammbetonte in mehreren Unterabtheilungen. An die kurze Charakteristik der Gesammtgruppe soll sich jedesmal die Besprechung einzelner Infinitive innerhalb derselben, soweit solche dazu Anlass geben, anschliessen. Es wird sich dabei besonders um solche Infinitive handeln, welche sich in ihrer romanischen Entwicklung von der Verbalklasse, der sie im Lateinischen angehörten, getrennt haben, oder auch um mehrfache provenzalische Formen, welche auf dasselbe lateinische Wort zurückgehen. Sicherstellung vor Allem, dann aber auch, soweit es sich erreichen lässt, Motivirung der betreffenden Formen, wird im einzelnen Falle die Aufgabe sein.

Es bleibt mir nun noch eine angenehme Pflicht zu erfüllen. Die Arbeit ist mir nur durch die Liberalität des Herrn Professor Stengel, meines verehrten Lehrers, auf so breiter Basis möglich geworden. Derselbe hat mir für die Zusammenstellung des Materials sein eigenes aus der gesammten bisher publicirten provenzalischen Literatur sowohl, als aus den zahlreichen in seinem Besitz befindlichen Hss. ausgezogenes Rimarium zur Verfügung gestellt. Für solche Liberalität, sowie für sonstige mannigfache Förderung, sage ich ihm auch an dieser Stelle meinen tiefgefühlten Dank.

I. Infinitive auf ar.

Wie schon im Lateinischen die a-Conjugationen als die erste, weil der Zahl der zugehörigen Verben nach als die bedeutendste, erscheint, so steht auch im Provenzalischen, wie in allen romanischen Sprachen, die ihr entsprechende Gruppe den andern voran.

Die Reimreihen*) zeigen, dass das *e* der latein. Infinitivendung *are* dasselbe Schicksal erfuhr, wie schriftlat. nachtoniges e, i, o, u nach einfacher Consonanz. Die Belege hierfür sind freilich weniger mannigfaltig als zahlreich. Es sind fast stets dieselben Wörter, welche mit Infinitiven gebunden in den verschiedenen Reihen wiederkehren. Ordnen wir dieselben nach den ursprünglich vorhandenen nachtonigen Vocalen, so ergeben sich:

1) Wörter mit nachtonigem e.

a) **auslautendes e**: *mar*, obl. sg.: Boëth. VIII und XII. (Chr. 3). — Bern. d'Auriac (Azais p. 57). — B. d. B. 15 (ed. Stim.). — Daude de Pradas 15 (M. G. 1040). — Folq. Lunel 5 (Eichelkr. 1). — Gauc. Faid. 19 (Ms. a). — Guir. de Born. 60 (M. G. 124). — Pons d'Ortafas 1 (M. G. 13). — Raimb. de Vaq. 3 (Chr.³ 1254) u. s. w.**).—*Car*, *guar*, Conjunction: Bonif. Calvo 9 (M. W. 1, 13). — Guill. de Mur 1 (M. W. 4, 246). — Guir. d'Esp. 10 (M. 561). — Paul. de Mars. 5. (Ms. C).

b) **em**: *par*, obl. sg.: Aim. de Peg. 46 (M. G. 1174). — Arn. Dan. 16 (M. G. 427). — B. de Vent. 40 (M. G. 1439). — Blancass. 11 (M. G. 151). — Gauc. Faid. 4 (Chr.³ 148, 6). — P. Card. 42 (M. G. 491). — *ampar*, obl. sg.: B. d. Vent. 40 (M. 1439). — *cuslar*, obl. sg.: P. d'Alv. 17 (R. 3, 327). —

---

*) Siehe Anmerkung 1 am Schluss der Arbeit.

**) Vollständigkeit ist hier nur in Bezug auf die überhaupt vorkommenden Formen, nicht aber in Betreff der Belegstellen für jede einzelne angestrebt worden.

pilar,[*]) obl. sg.: Raimb. de Vaq. 3 (Chr.[9] 125, 30). — *sotlar,*[*])
obl. sg.: B. Marti (R. 5, 67). — *vellar*, obl. sg.: Guill. de S.
Greg. 3 (Mss. C u. E).

a) **es.** (= *i): *par*, nom. plur.: Boëth VIII. (Chr.[s]3, 4). —
joglar, nom. plur.: B. de B. 35 (ed. Stim.). — Paul. de Mars.
7 (R. 4, 74). — P. Card. 9 (M. G. 758).

d) **et. III. sg. pr. conj. der a-Conjug.**: *ampar*, Aim. de
Peg. 7 (R. 4, 59). — B. de Vent. 40 (M. G. 1439). — Engles
1 (L. d. troub. p. 31). — Gavauda 8 (M. G. 1069/70). — *car*,
(?) B. de B. 39 (ed. St.). — *desampar*, Gavauda 8 (M. G.
1069/70). — *gar*, Aim. de Peg. 46 (M. G. 1174). — Guir.
Riq. 68 (M. W. 4, 46). — *par*, Raimb. d'Aur. 18 (P. O. p. 49).

III. sg. pr. ind. der e-Conjugat.: *apar*, Pons d'Ortafas 1
(M. G. 13). — Guir. del Oliv. d'Arle. 8 (B. D. p. 44). — *par*,
B. de Vent. 39 (M. W. 1, 11). — Engles 1 (L. d. troub. p.
31). — Pons d'Ortafas 1 (M. G. 13).

2. Wörter mit nachtonigem i.

avar, nom. plur.: B. de B. 21, 5 (ed. Stim.). — El. Cair.
3 (Lex. Rom. 435). — Guir. de Born. 45 (M. G. 849—51). —
car, nom. pl.: Ameus de Broq. 1 (P. O. 373). — *clar*, B. de
B. 35, 1 (ed. Stim.). — *Navar*, nom. pl.: Bonif. Calvo 9 (M.
W. 3, 1). — *var*, nom. pl.: Guill. de S. Leid 3 (M. W. 2, 53).

3. Wörter mit nachtonigem o.

bar, nom. sg.: Arn. Dan. 7 (M. G. 433). — B. de B. 39, 5;
45, 3 (ed. Stim.). — Peire Cardenal 12 (M. W. 2, 239). —
42 (M. G. 941).

I. **sg. pres. ind.**: *desampar*, Arn. Dan. 18 (M. W. 2, 75). —
Bereng. de Palaz. 10 (R. 3, 231). — Guill. de Cabest. 9 (M. W.
1, 109). — Guir. Riq. 68 (M. W. 4, 46). — *esgar*, El. Cair. 14
(Arch. 33, 441). — Raimb. d'Aur. 28 (Ch.[s] 67). — P. Vidal 2

---

*) S. J. Rothenberg, De suffix. mutatione. Gött. 1880.

(ed. B. 7). — *guar*, Engles 1 (L. d. troub. p. 31). — Gauc. Faid. 18 (M. G. 51). — Guill. Magret 2 (R. 3, 419).

4. Wörter mit nachtonigem u.

a) **um**: *avar*, obl. sg. B. de B. 45, 3 (ed. Stim.) — Guill. de la Tor 6 (P. O. p. 379). — Guir. de Born. 1 (M. W. 1, 187). — Mrcbr. 19 (M. G. 801). — Raimb. d'Aur. 18 (P. O. p. 49). — P. Vidal 43 (ed. B. 19). — *car*, obl. sg.: Aim. de Peg. 47 (M. G. 1212). — Folq. Lunel 1. 5 (Eich. II. I.). — Gauc. Faid. 4 (Chr.³ 145, 3). — Guill. de Cabest. 6 (M. W. 1, 109). — P. Vidal 24 (ed. B. 6). — *car*, nom. sg. neutr.: Raimb. d'Aur. 28 (Chr.³ 67, 10). — *clar*, obl. sg.: Boëth VIII. (Chr.³ 3, 1). — Arn. de Mar. 8 (M. W. 1, 157). — 15 (P. O. 16). — Daude Prad. 15 (M. G. 1040). — Gauc. Faid. 4 (Chr.³ 148, 1). — Raimb. d. Aur. 18 (P. O. p. 49). — *preclar*, obl. sg.: Boëth XII. (Chr.³ 3). — *esgar*, obl. sg.: Guill. de Cabest. 6 (M. W. 1, 109). — Gui d'Uis. 7 (P. O. p. 304). — P. Vidal 22; 24 (ed. B. 28; 6.) — Eigennamen: *Ademar*, B. de B. 39 (ed. Stim.). — Guill. Adem. 12 (R. 3, 193). — 3 (Ms. C). — *Aimar*, B. de B. 21 (ed. Stim). — *Albar*, P. Vidal 24 (ed. B. 6). — *Bar, Gaspar*, Raimb. de Vaq. 3 (Chr.³ 123). — *Navar*, Engles 1 (L. d. troub. p. 31). — *Valdetar*, Alb. Marques 1 (R. 4, 9).

b) **iam**: *var*, obl. sg.: Arn. de Mar. 15 (P. O. p. 16). — Folq. Lunel 5 (Eich. I.). — Raimb. d'Aur. 1 (Arch. 51, 137)*).

5. Die Adverbien:

ar, Bonif. Calvo 9 (M. W. 3, 1). — Guir. de Born. 1 (M. W. 1, 187). — *encar*, Guill. de Cabest. 6 (M. W. 1, 109). — Raimb. d'Aur. 18 (P. O. p. 49).

---

*) Es finden sich auch nom. sg. mit vernachlässigter Flexion in den Reihen auf ar. Vgl. *avar*, Gavauda 8 (M. G. 1069/70). — *car*, Guir. Riq. 61 (M. W. 4, 66). — Raimb. d'Aur. 18 (P. O. 49). — *clar*, Rich. de Berb. 3 (P. O. p. 276). — *esgar*, Arn. de Mar. 15 (P. O. p. 16). — P. Espanhol 3 (R. 5, 314). — *var*, P. Card. 42 (M. G. 941).

Gehen wir nun dazu über, den thatsächlichen Fall des
auslautenden *e* der Endung *are* durch Reimwechsel und Silbenzählung nachzuweisen. Von den Gedichten mit Reimwechsel
sind natürlich besonders solche beweisend, in denen sich Reimwörter finden, welche auf lateinische Oxytona zurückgehen.

Ich führe zunächst Boëth. an. Sämmtliche übrigen Tiraden
desselben bestehen aus männlichen Zehnsilblern, keine Reim-
silbe zeigt nachtoniges lat. *a*; es sind daher auch die Tiraden
auf *ar*, welche zahlreiche Infinitive aufweisen, als männliche zu
betrachten, zumal eine Umschreibung sämmtlicher Tiraden in
weibliche nicht durchführbar ist wegen der Reimworte *es*, 3,
38, 39; *ja*, 4, 32 und wohl auch *cor*, 2, 14.

In ähnlicher Weise ist die Infinitivendung *ar* ohne *e* gesichert bei:

Aim. de Peg. 47 (M. G. 1212) durch *que, me.* — Blancass.
6 (R. 4, 215) durch *oc.* — Folq. Lun. (Eich. p. 26 ff.) durch
nos, so (sunt), *se, que, acsi, aisi.* — Folq. Rom. 6 (Chr.[3] 193)
durch *es.* — Guill. Fig. 2 (R. 4, 309) durch *nos.* — Guir. de
Cabr. (Chr.[3] 81) durch *Artus, plus.* — Gauc. Faid. 18 (M. G.
51) durch *re.* — Mrcbr. 1 (M. G. 1, 49) durch *rey* (= res). —
32 (M. G. 662) durch *es.* — Pajol 3 (M. G. 566) durch *es,
tres, res.* — Peire Card. 12 (M. W. 2, 239) durch *es, so* (sunt). —
P. de la Carav. 1 (R. 4, 197) durch *vos.* — Peirol 12 (M. 2,
21) durch *se, me.* — Sordel 24 (R. 4, 67) durch *so* (sunt), *no*
(non), *es, se, re.*

Durch Silbenzählung gesichert finden wir Infinitive auf
ar häufig im Innern der Verse vor consonantisch anlautenden
Wörtern, z. B.:

Boëth. Chr.[3] 6,44: *cum poisas cuida montar per l'eschalo.* —
Noel (Chr.[3] 17, 2): *laisat estar lo gazel.* — Confess. (Chr.[3]
22, 19): *menar non pot a salvament.* — Arn. de Mar. (Chr.[3]
93, 42): *can cuit pensar en autras res.* — B. de B. 6, 1. 28
(ed. Stim.). — B. de Vent. (Chr.[3] 49, 22). — Ceram. (Jahrb.
I. 91, Cobla 6). — Guill. IX. (Chr.[3] 27, 14; 30, 22); derselbe
(ed. Holl. Kell. 8, 15; 3, 2. — Mrcbr. (Chr.[3] 58, 10). — Jaufre

Rud. (Chr.* 58, 10). — Raimb. d'Aur. (Chr.* 65, 13). — Ugo Catol. (Chr.* 61, 26).

Aus diesen Stellen, deren Anzahl beliebig vermehrt werden könnte, geht hervor, dass wir es bei dem Falle des *e* nicht mit einer grossartigen Corruption durch die Abschreiber zu thun haben, sondern mit einer durchgehenden, von den Dichtern streng befolgten Regel, welche schon in den ältesten Zeiten, aus denen wir provenzalische Sprachdenkmäler besitzen, Geltung hatte. Einzelne Schreibarten auf *are* begegnen wohl, sind aber nirgends durch Reim und Silbenzählung gestützt. So z. B. *donare* bei Sordel 9 (F 13) im Reim auf *anar*; *assegurare* bei Caden. (F 126).

Werfen wir nun einen Blick auf die Wörter zurück, welche wir im Reime mit Infinitiven auf *ar* gefunden haben, so ergibt sich, dass überall ursprüngliches betontes *a + r* vor den gefallenen Lauten vorhanden war. Nur in *ar, encar* liegt scheinbar betontes *o + r* vor. Indess geht *ar* wohl auf *hanc ad horam* zurück. Ebenso bietet der Infinitiv *fiar, fizar* von *fidere* (S. Diez, E. Wb.) einen ganz vereinzelten Fall des Uebertrittes eines stammbetonten Infinitivs zur a-Conjugation *). Welchen Laut übrigens das provenzalische *ar* gehabt, ob etwa das alte lateinische *a* in Geltung geblieben, ob und wie es sich gewandelt habe, darüber geben die Reimreihen keinen Aufschluss. Höchstens könnte das Reimwort *coar* bei Peire Espanhol 3 (= *coart*, B. de B. 44 und Gir. de Ross., Tir. 293 O und L [P. 3867]) beweisen, dass das *a* von *are* den gleichen Laut bewahrt hatte wie *a* vor mehrfacher Consonanz.

---

*) *far* und *dar* s. bei den stammbetonten Infinitiven.

II. Infinitive auf ir.

Den Infinitiven auf *ir* gebührt ihrer Anzahl halber die zweite Stelle in der Reihe. Sie repräsentiren im Ganzen die lat. IV. Conjugation. Aus den Reimreihen*) ersehen wir, dass auch in der Endung *ire* das nachtonige *e* dasselbe Schicksal hatte wie die andern nachtonigen Vocale ausser *a*. Die Belege dafür, obwol in grosser Zahl vorhanden, sind indess noch weniger mannigfaltig, als in den Reihen auf *ar*.

1) Ursprünglich nachtoniges um liegt vor in:

a) *Tir*(s), obl.: Blancass 2 (M. G. 282). — Bertr. de Paris (B. D. p. 85).

b) **ium** in den Abstracten: *albir*, Lanfr. Cigala 19 (M. G. 715). — P. Raim. de Tol. 5 (Chr.⁸ 87, 8). — *asir*, Raim. Mirav. 47 (M. G. 1124/25). — Sordel 12 (Arch. 34, 392). — *consir*, Caden. 8 (M. G. 745). — Guir. de Cal. 1 (M. G. 284). — *desir*, B. de Vent. 9 (M. G. 37). — P. Raim. de Tol. 5 (Chr.⁸ 87). — *martir*, Caden. 3 (M. G. 302). — Uc Brun. 2 (M. G. 747/48). — *sospir*, Lanfr. Cig. 19 (M. G. 715). — Raim. Mirav. 47 (M. G. 1124/25).

2. Ursprünglich nachtoniges o.

I. sg. pr. ind.: *albir*, Bertr. de Paris (B. D. p. 85). — P. Guill. 2 (L. d. troub. p. 5). — *asir*, Pons d'Ortaf. 2 (L. d. troub. p. 119). — Raim. de Mirav. (Chr.⁸ 150, 18). — *consir*, Pons d'Ortaf. 2 (L. d. troub. p. 119). — *desir*, Gauc. Faid. 31 (Chr.⁸ 139). — Pons d'Ortaf. 2. — *remir*, Gauc. Faid. 31 (Chr.⁸ 139). — Raim. de Mir. Chr.⁸ 151, 18. — *sospir*, Gauc. Faid. 31. — Ponso 1 (L. d. troub. p. 98). — P. Vidal (ed. B.

*) S. Anm. 2 am Schluss der Arbeit.

23). — P. Card. 7 (Chr.⁸ 172, 16). — *tir*, Gauc. Faid. 31. —
Ponso 1. — *vir*, Gauc. Faid. 31. — Ponso 1. — Raim. de
Mirav. 31.

3. *Ursprünglich nachtoniges e.*

a) **em. I. sg. pr. conj.**: ,*albir*, Guill. de Montah. (Arch.
33, 298). — Guir. Riq. 72 (M. W. 4, 69). — *asir*, Raim. de
Mirav.. 36 (M. G. 1113). — Uç de la Bac. (Arch. 34, 432). —
consir, Guirando lo Ross. 7 (R. 3, 7). — *desir*, Guill. de S.
Leid. 1 (M. W. 2, 50). — Sordel 12 (Arch. 34, 392). — *mir*,
Gauc. Faid. 60 (M. W. 2, 105). — *remir*, Guir. d'Esp. 6 (M. G.
559). — Guir. lo Ross. 2 (R. 3, 8). — *sospir*, Guirando lo Ross.
7 (R. 3, 7). — *vir*, Gauc. Faid. 60 (M. W. 2, 105). — Peirol 27
(M. W. 2, 26).

b) **et. III. sg. pr. conj.**: *albir*, Cadenet 2 (M. G. 21). —
asir, Bonif. Calvo. 9 (R. 4, 228). — El. de Barj. 9 (M. G. 1076). —
Gauc. Faid. 14 (M. W. 2, 96). — *consir*, Arn. de Mar. 2 (M.
W. 1, 168). — El. de Barj. 7 (R. 3, 354). — *desir*, Graf v.
Emporia (Arch. 33, 311). — *mir*, P. Rogier 3 (M. W. 1, 118.). —
P. Raim. de Tol. 5 (Chr.⁸ 87). — *remir*, Guill. Adem. 1 (M.
G. 342). — *tir*, Mönch v. Mont. 7 (ed. Phil. 13). — Anon.
191 (P. O. 387). — *vir*, Cadenet 17 (M. G. 75). — Peire de
Buss. 1 (R. 4, 265).

Für den thatsächlichen Fall des *e* sind die Reimreihen
indess nicht beweisend, um so weniger, als die aufgeführten
Reimwörter, mit Ausnahme von *Tyr*, selbst ein facultatives *e*
annehmen können*). Wir werden daher Gedichte heranziehen
müssen, in denen Infinitive auf *ir* durch Reimwechsel als

---

*) Man beachte, dass von den Substantiven auf *ire*, die auf lat. *itor*
zurückgehen, keine Nebenformen des nom. sg. auf *ir* vorkommen, dass
dagegen Abstracte wie *desirs*, *sospirs* u. s. w., entsprechend lat. Neutris
auf *ium*, im sg. obl. und im nom. plur. sowol *ire* als *ir* haben. Ich habe
mich daher später auf die ersteren, als für die stammbetonten Infinitive
auf *ire* beweisend, bezogen, dagegen die letzteren als für keine der beiden
Formen beweisend ansehen müssen.

männliche Versausgänge, oder durch Silbenzählung als consonantisch auslautend gesichert sind.

Durch Reimwechsel beweisend sind: Planch. de S. Est. (Chr.³ p. 23), wo die Reimworte *venir*, *fugir* durch *so* (22, 27) resp. durch dessen Etymon *sunt* als Oxitona gesichert sind: Aim. de Peg. 23 (M. W. 2, 161) durch *me*, *re*. — Bertol. Zorgi 17 (Arch. 34, 181) durch *res*, *re*, *se*. — Folq. (M. W. 4, 253) durch *no*. — Folq. Rom. 8 (Arch. 33, 309) durch *vos*. — Gaucelm 1 (Arch. 34, 379) durch *res*. — Guill. IX. 7 (M. W. 1, 3) durch *es*, *cui*. — Guir. de Cabr. (Chr.³ 81) durch *Artus*, *plus*. — Mrcbr. 7 (M. G. 334) durch *es*. — 20 (Arch. 33, 334) durch *vos*. — Mönch v. Foiss. 1 (P. O. p. 167) durch *re*, *vos*. — Peirol 27 (M. W. 2, 26) durch *se*, *re*, *me*. U. s. w.

Metrisch, durch Silbenzählung, beweisend sind: B. de B. (ed. Stim.) 13, 17: »*Ja per dormir non er de Coberlanda*«. — B. de Vent. 10 (M. W. 1, 41) 5, 2: »*Ni servir pro nom pot tener.*« — Cercam. 1 (Jahrb. I, 97) Cobla 1: »*Car li cove fenir sa vida.*« — Folq. de Mars. (Chr.³ 22, 14): »*de vos servir que mais non aurai cura.*« — Folq. de Rom. Chr.³ 194, 29: »*que venir l'en deu grans bes.*« — Guill. IX (ed Holl. Kell.) 2, 6: »*Greu venir si fai d'amor.*« — Guill. de Cabest. (ed Hüffer) V. f.: »*que partir nom posc ges.*« — Guir. de Born. 26 (M. W. 1, 214), 5: »*E si vols venir per temps.*« — Mrcbr. (Chr.³ 57), 27: »*vos van servir mas a vos platz.*« — P. Vidal (ed. B.) 32, I., 4: *ans ama mais cobrir sa malansa.*« — Raimb. de Vaq. (Chr.³ 126, 31): »*Cuit morir sols ab tot autra companhia.*« u. s. w.

Als Ausnahmen sind zwei Gedichte anzuführen, in denen hierher gehörige Infinitive mit der Endung *ire* vorkommen. Ueber das eine, Gauc. 8, s. Einleitung pag. 3. In dem andern, Joan Esteve 9 (Azais p. 101) ist das auslautende *e* an *tenire* und *sufrire* durch Reimwechsel (*fraire*, *aire*, *gardava*, *orava* u. s. w.) gestützt, muss also anerkannt werden, ohne in dieser Vereinzelung die allgemeine Regel alteriren zu können.

Aus den Reimreihen ergibt sich noch die Beobachtung, dass die provenzalische Endung *ir* in der That das lat. *ire* repräsentirt. Denn wenn auch nicht alle hierher gehörigen Infinitive auf solche der lat. IV. Conjugation zurückgehen, so finden wir sie im Reim doch nur mit solchen Wörtern gebunden, bei denen *ir* schon im Etymon vorlag.

Eine ziemliche Anzahl der Infinitive auf *ir* ist aus der lateinischen *e*-Conjugation herübergekommen*). Hierher gehören: *ademplir, ajausir, captenir, delir, enjausir, excandir, esjausir, florir, gaudir* (jauzir), *jasir, implir, languir, lusir, mantenir, merir, penedir, (pentir), permanir, plevir, possesir, putir, remanir, resplendir, retenir, rir, sostenir, tenir.*

Im Einzelnen sind zu erwähnen: *tenir* und seine Composita *captenir, mantenir, retenir, sostenir.* Obwol ziemlich häufig, stellen sich diese Formen zu denen auf *er* doch nur etwa wie 1 : 5. Eine Regel für den Gebrauch der Formen lässt sich ausser etwa dem Reimbedürfniss nicht aufstellen; Rich. de Berb. 4 (M. G. 656/57) z. B. bietet in demselben Gedichte, in derselben Cobla sogar, *tenir* im Reim auf *morir, auzir, remir,* I. sg. pr. und auch *retener*, mit *saber, plazer* u. s. w. gebunden. *Tenir* sonst noch bei Guir. del Ol. 75. — P. Card. 47. — P. Raim. de Tol. 6; 7. -- P. Guill. 3. — u. s. w. — *Captenir*, P. de Gavaret (Arch. 34, 191). — *Mantenir***), Alb. de Sest. (P. O. p. 299). — P. Card. 37. — P. Guill. 3. — u. s. w. —

---

*) In *tendir* liegt wol nicht lat. *tinnitare*, sondern das alte *tinnire* vor, das immerhin durch das *t* der Ableitung beeinflusst sein mag. *Retendir* ist gesichert bei B. de B. II. (ed. Stim.). — Guill. de Berg. 61 (M. G. 167). — Guir. de Born. 61 (M. G. 863). — El. Cair. 6 (R. 3, 431).

**) Raim. Vidal in s. Rasos de trobar (Stengel, Provenz. Grammatiken p. 87) erklärt übrigens *mantenir, contenir, retenir* für unprovenzalisch, während die Leys II, 402 *tenir, retenir* neben *tener, retener* vertheidigen. S. Stengel a. a. O. pag. XIV.

Retenir, Blacatz 4. — P. Card. 37. — Uc de S. Circ 40. —
u. s. w. — *Sostenir*, Bertr. Carb. 93 (B. D. p. 9). — Ganz
vereinzelt neben den häufigen Formen auf *er* stehen: *iazir*,
P. Bremon 10 (Arch. 34, 187). — *permanir*, bei Ponz de
Capd. III. (ed. Nap.) und *remanir*, G. de Berg. 20 (ed. Keller
19). — Das von Diez angeführte *remanre* habe ich im Reim
nicht gefunden. *Rir* s. stammbet. Inf. pag. 35.

Die Zahl der Verben aus der lat. III. Conjugation, welche
die provenzalische Infinitivendung *ir* angenommen haben, ist
ziemlich gross. Zunächst eine Gruppe, welche schon in den
lat. Präsensformen ein ·i zwischen den Stamm und die Flexions-
endung schob: *enconbir* *), *fugir*, *fozir*, *erebir*, *morir*; dazu
kommen in zweiter Reihe *descusir* **) (Compositum des hier
nicht belegten *cusir* — *consuere*), *falhir* ***). *Erebir* neben
dem stammbetonten *erebre* könnte auffallen, ist aber bei Mrcbr.
39 (M. W. 1, 57) durch Reim gesichert; ebenso *espandir* bei
P. Card. 18 (M. W. 2, 223). Diez führt auch *espandre* auf
(Gram. II.³ 205), das aber im Reim nicht begegnet †). Ebenso
vereinzelt steht *soccorir* (Joyas 59—92) im Reim auf *seguir*,
fremir, *desir* ††).

Unter den übrigen hierher gehörigen Infinitiven aus der
lat. III. Conjugation, bei welchen sich ein so directer flexivischer
Einfluss auf den Infinitiv nicht nachweisen lässt, bilden eine be-

---

*) Diez, Gram. II.³ 136, führt *cupire* und *moriri* als Formen auf,
welche bei älteren lat. Schriftstellern vorkommen.

**) Vgl. Muss. Beiträge zur Gesch. der roman. Sprachen (Wiener
Sitzungsbericht. 1862. p. 534 ff.).

***) Einfluss des ll zeigt sich ferner in den bei Ray., wenn auch
nicht im Reim, belegten Infinitiven *compellir*, *espellir*, *repellir*.

†) G. de S. Leid. 13 hat jedoch *espandres* subst. und zwar im Reim.
S. Lex. Rom. II, 164, I, resp. M. G. 368; ferner Arn. Dan. 4 (Arch. 51, 143).

††) Ray. hat dagegen *correr*, *occurer*, *socorrer* belegt, wenn auch
nicht im Reim. Nicht belegt sind aber die ebenfalls dort aufgeführten
Formen auf *corre*, welches übrigens in den provenz. Grammatiken (ed.
Stengel, 36, 4) angeführt ist und auch Flamenca 1255 und 2698 im Reim
auf *torre* steht.

sondere Gruppe: *conseguir, convertir, fremir, presumir, relenquir, seguir, tremir, vertir.* Bei diesen gestattete der Stammauslaut den Fall des Bindevocals nicht, weil Consonantengruppen wie *rtr, mr, qur* unaussprechbar waren. Sie kamen daher wohl zunächst auf die Form *er* und gingen dann unter Verschiebung des Accentes zu *ir* über.

Seguir und *conseguir, perseguir,* woneben die stammbetonten *segre, consegre, persegre* sind gesichert. *Seguir,* B. de Palaz. 5 (R. 3, 232). — Bertol. Zorgi 3 (R. 4, 459). — Daspols 1 (L. d. troub. p. 41). — Guill. de la Tor 12 (M. G. 661). — Guir. del Oliv. 12 (B. D. p. 24). — Guir. Riq. 19 (M. W. 4, 17). — *Conseguir,* Aim. de Peg. 20 (M. W. 2, 164). — B. de Palaz. 6 (Arch. 34, 179). — *perseguir,* Guir. Riq. 19 (M. W. 4, 17).

Eine weitere Gruppe bilden diejenigen Infinitive, deren Stammauslaut einfaches *d* oder *g* war: *devesir, envasir, traïr* (trahir, trazir), *fregir, legir, regir.* Streng volksmässige Bildungen sind sie sämmtlich nicht. (Vgl. die corresp. stammbetonten Formen auf *aire* u. *ire* pag. 26. 31). *Devesir* ist ziemlich häufig: Aim. de Peg. 28 (M. G. 1197—99). — Arn. de Tint. 1 (M. G. 968). — Folq. de Mars. 6 (M. G. 47). — Mrcbr. 41 (M. G. 664). — P. d'Alv. 13, 14 (M. G. 232, 238). — P. Card. 37 (R. 4, 382). — *Envasir* bei B. de B. II., 22 (ed. 8tim.). — P. Card. 47 (M. W. 2, 231). — 54. — Mrcbr. 16. — P. Durb. (Arch. 44, 193). — *Traïr* (trahir, trazir)*) bei Bernart (P. O. 362). — Bertr. de Paris (B. D. p. 85. — Gauc. Faid. 38. — P. Card. 7, 37, 47. — P. Vidal 8, 13. — R. Jordan 12. — u. s. w. Die übrigen kennzeichnen sich schon durch ihr erhaltenes *g* als Lehnworte: *Fregir,* Guir. de Born. 4 (M. G. 198). — *legir,* P. d'Alv. 13 (M. G. 232). — *elegir,* Guir. Riq. 19 (M. W. 4, 17). — *regir**), P. Card. 31 (M. W. 2, 180). — 60 (M. W. 184).

---

*) Vergl. aber *traire, retraire* (trahere) pag. 26.)

**) Eine stammbetonte Form von *regĕre* ist nicht vorhanden. Die volksmässige Entwickelung hätte nach Analogie von *legĕre* (legir, lire) neben *regir* etwa zu *rire* führen müssen, derselben Form, welche sich aus *ridere* ergeben hatte; *regir* hat daher als Scheideform eine besondere Berechtigung.

Eine besondere Stellung nehmen die von lat. *ferre* und *quaerere* gebildeten Infinitive ein: *offrir, soffrir, querir, conquerir, requerir*. *Quaerere* kürzte sich zu *querre**), dann zu *quer**) oder nahm die ursprünglich vielleicht mundartlich geschiederten Endungen *ir* (wie auch im Französischen) und *er* (S. endungsbet. Inf. auf *er*) an, welche Endungen zugleich in Wechselbeziehung zu den mannigfachen Flexionsformen des Wortes stehen. — Die Composita von *ferre* kürzten sich nicht in derselben Weise bis *offer, suffer*, (vgl. aber p. 38) nahmen vielmehr ausschliesslich die Endung *ir* an und liessen das vor der betonten Endung tonlos gewordene . stammhafte *e* fallen. *Querir*, Guir. Riq. 8 (M. W. 4, 11). — *conquerir*, Guill. de S. Leid 13 (M. W. 2, 56). — P. Card. 4 (R. 4, 254). — P. Guill. 3 (R. 4, 139). — *Requerir*, P. Vidal 4 (ed. B). — Epître farc. de St. Est. (Rev. d. l. r. II, 138/39)**). — *Offrir*, Bern. Marti 2 (M. G. 754). — Guir. de Born. 28 (Arch. 33, 330). — Guir. del Ol. 7 (B. D. p. 31). — Lanfr. Cig. 2 (R. 5, 244). — *Suffrir*, B. d. B. 11 (ed. Stim.). — B. de Paris (B. D. p. 85). — D. de Pradas 6 (R. 3, 414). — P. Guill. (L. d. troub. p. 52). u. s. w.***).

Die Endung *escère* ist wie im Französischen zu *sir*, zuweilen *cir* geschrieben, geworden. Das *e* vor *s* ist gefallen, wenn einfaches *r*, *l* vorhergeht. Hierher gehören: *amarcir, canesir, encanesir, endurzir, envelzir, esclarsir, flaquesir* (wahrte den Stammauslaut *k'* durch Wandlung in qu), *fresir, magresir, erdesir veillesir*.

Wegen der zahlreichen stammbetonten Infinitive, welche in hierhergehörigen Reimreihen vorkommen, vergl. p. 31 ff.

III. Infinitive auf er.

Sie repräsentiren die lateinische *e*-Conjugation, von welcher freilich die meisten Verben provenzalisch zu andern Gruppen übergetreten sind. Geblieben sind nur solche, die ihr lat. Perfect

---

*) S. unter den stammbetonten Infinitiven p. 38.
**) Ausser bei P. Guill. und Guill. de S. Leid. ist *er* bei allen Dichtern vorwiegend.
***) Ich habe bei den verschiedenen Dichtern mehr als 100 Stellen ausgezogen.

I. Infinitive auf ar.

Wie schon im Lateinischen die a-Conjugationen als die erste, weil der Zahl der zugehörigen Verben nach als die bedeutendste, erscheint, so steht auch im Provenzalischen, wie in allen romanischen Sprachen, die ihr entsprechende Gruppe den andern voran.

Die Reimreihen*) zeigen, dass das *e* der latein. Infinitivendung *are* dasselbe Schicksal erfuhr, wie schriftlat. nachtoniges e, i, o, u nach einfacher Consonanz. Die Belege hierfür sind freilich weniger mannigfaltig als zahlreich. Es sind fast stets dieselben Wörter, welche mit Infinitiven gebunden in den verschiedenen Reihen wiederkehren. Ordnen wir dieselben nach den ursprünglich vorhandenen nachtonigen Vocalen, so ergeben sich:

1) *Wörter mit nachtonigem e.*

a) **auslautendes e**: *mar*, obl. sg.: Boëth. VIII und XII. (Chr. 3). — Bern. d'Auriac (Azais p. 57). — B. d. B. 15 (ed. Stim.). — Daude de Pradas 15 (M. G. 1040). — Folq. Lunel 5 (Eichelkr. 1). — Gauc. Faid. 19 (Ms. a). — Guir. de Born. 60 (M. G. 124). — Pons d'Ortafas 1 (M. G. 13). — Raimb. de Vaq. 3 (Chr.[8] 1254) u. s. w.**).—*Car, guar*, Conjunction: Bonif. Calvo 9 (M. W. 1, 13). — Guill. de Mur 1 (M. W. 4, 246). — Guir. d'Esp. 10 (M. 561). — Paul. de Mars. 5. (Ms. C).

b) **em**: *par*, obl. sg.: Aim. de Peg. 46 (M. G. 1174). — Arn. Dan. 16 (M. G. 427). — B. de Vent. 40 (M. G. 1439). — Blancass. 11 (M. G. 151). — Gauc. Faid. 4 (Chr.[8] 148, 6). — P. Card. 42 (M. G. 491). — *ampar*, obl. sg.: B. d. Vent. 40 (M. 1439). — *caslar*, obl. sg.: P. d'Alv. 17 (R. 3, 327). —

---

*) Siehe Anmerkung 1 am Schluss der Arbeit.

**) Vollständigkeit ist hier nur in Bezug auf die überhaupt vorkommenden Formen, nicht aber in Betreff der Belegstellen für jede einzelne angestrebt worden.

pilar,*) obl. sg.: Raimb. de Vaq. 3 (Chr.* 125, 30). — *sotlar,**)
obl. sg.: B. Marti (R. 5, 67). — *vellar*, obl. sg.: Guill. de S.
Greg. 3 (Mss. C u. E).

c) **es.** (= **i*): *par*, nom. plur.: Boëth VIII. (Chr.*3, 4). —
joglar, nom. plur.: B. de B. 35 (ed. Stim.). — Paul. de Mars.
7 (R. 4, 74). — P. Card. 9 (M. G. 758).

d) **et. III. sg. pr. conj. der a-Conjug.**: *ampar*, Aim. de
Peg. 7 (R. 4, 59). — B. de Vent. 40 (M. G. 1439). — Engles
1 (L. d. troub. p. 31). — Gavauda 8 (M. G. 1069/70). — *car*,
(?) B. de B. 39 (ed. St.). — *desampar*, Gavauda 8 (M. G.
1069/70). — *gar*, Aim. de Peg. 46 (M. G. 1174). — Guir.
Riq. 68 (M. W. 4, 46). — *par*, Raimb. d'Aur. 18 (P. O. p. 49).

III. sg. pr. ind. der e-Conjugat.: *apar*, Pons d'Ortafas 1
(M. G. 13). — Guir. del Oliv. d'Arle. 8 (B. D. p. 44). — *par*,
B. de Vent. 39 (M. W. 1, 11). — Engles 1 (L. d. troub. p.
31). — Pons d'Ortafas 1 (M. G. 13).

2. Wörter mit nachtonigem i.

avar, nom. plur.: B. de B. 21, 5 (ed. Stim.). — El. Cair.
3 (Lex. Rom. 435). — Guir. de Born. 45 (M. G. 849—51). —
car, nom. pl.: Ameus de Broq. 1 (P. O. 373). — *clar*, B. de
B. 35, 1 (ed. Stim.). — *Navar*, nom. pl.: Bonif. Calvo 9 (M.
W. 3, 1). — *var*, nom. pl.: Guill. de S. Leid 3 (M. W. 2, 53).

3. Wörter mit nachtonigem o.

bar, nom. sg.: Arn. Dan. 7 (M. G. 433). — B. de B. 39, 5;
45, 3 (ed. Stim.). — Peire Cardenal 12 (M. W. 2, 239). —
42 (M. G. 941).

I. **sg. pres. ind.**: *desampar*, Arn. Dan. 18 (M. W. 2, 75). —
Bereng. de Palaz. 10 (R. 3, 231). — Guill. de Cabest. 9 (M. W.
1, 109). — Guir. Riq. 68 (M. W. 4, 46). — *esgar*, El. Cair. 14
(Arch. 33, 441). — Raimb. d'Aur. 28 (Ch.* 67). — P. Vidal 2

---

*) S. J. Rothenberg, De suffix. mutatione. Gött. 1880.

Der thatsächliche Fall des auslautenden *e* der Endung *ère* ist auch hier wieder, wie bei *ar* und *ir*, durch Reimwechsel und durch Silbenzählung, d. h. durch Stellen innerhalb des Reimes, wo Infinitive auf *er* vor consonantisch anlautenden Wörtern stehen, zu beweisen. Reimwechsel ist beweisend: Boëth. (Chr.[8] 4) durch die schon bei *ar* angeführten *es, ja.* — Aim. de Peg. 45 (M. G. 1171) durch *res.* — Arn. de Mar. 21 (M. W. 1, 167) durch *me.* — B. de Vent. 4 (M. W. 1, 37) durch *me, re.* — Folq. Rom. 6 (Chr.[8] 193) durch *tres.* — Gui de Uis. 15 (M. G. 547) durch *me, se.* — Guir. de Cabr. (Chr.[8] 81) durch *Artus, plus.* — Guir. Riq. 7 (M. W. 4, 15) durch *es* (est). — Peire Card. 46 (M. W. 2, 229) durch *es.* — Peirol 6 (M. W. 2, 12) durch *re.* — Raimb. d'Aur. 14 (M. W. 1, 70) durch *me.* — Uc. de S. Circ. 42 (R. L. 417) durch *re, es.* — In dem Ensenhamen del Guardo (Chr.[8] 359) durch *si, re, te, oc, so es* u. s. w.

Metrisch beweisend sind: Boëth. Chr.[8] 2, 21: *ni gens de lui no volg tener s'onor.* — B. de B. 12, 10: *ja mais non volh aver druda;* ferner 12, 50; 29, 4. — Cercam. 2 (Jahrb. L p. 93) Cobl. 1: *Quatresi posc aver d'amor;* derselbe 1, Cobl. 1. — Garin lo Brun (Chr.[8] 90, 37): *fas lo seser las vos.* — Guill. de Cabest. (ed. Hüffer) VII., d.: *non es mais res que desir aver tan.* — Guill. IX (ed. Holl. Kell.) 3, 14: *An ho veser pres lo bosc;* 8, 14. — Guir. de Born. (Chr.[8] 102, 18): *e mais valer per sordejar.* — Jaufre Rudel 1 (M. W. 1, 63), Cobla 6: *Mielhs mi fora jaser vestitz.* — P. Vidal 24 (ed. B.) Cobla 6, 7: *e si volets saber quals es.* — 35, 1. — P. Raim. de Tol. (Chr.[8] 85, 19): *per plaser de l'autra gen.* u. s. w.

Einzelne Infinitive.

Poder; voler gehen natürlich nicht direct auf lat. *posse, velle,* sondern auf gemeinromanische Formen *potēre, volēre.*

Resemer, venser. In *vincĕre,* wie in *redimĕre* stützte die Natur des Stammauslautes den Bindevocal *ĕ* vor *r;* es fiel also das auslautende *e**). *Rezemer* und *venser* stellten sich übrigens auch durch ihr flexionsbetontes Perfect zu der Gruppe *er*. Beide Infinitive sind indess im Reime nur je einmal belegt. *Venser* bei Guill. de S. Leid. 11 (M. W. 2, 48). — *Resemer*, P. Card. 15 (M. W. 2, 200).

Toler**) bei Arn. de Mar. 12 (C) und *destoler* müssen unter flexivischem Einfluss *er* angenommen haben. Die Formen des provenzalischen Perfects setzen ein volksthümliches *tollui* neben *sustuli* voraus.

Querer und seine Composita neben den Formen auf *ir* (S. p. 19) sind gesichert. *Quercr* bei D. de Pradas 2 (M. G. 351). — Folq. (M. W. 4, 234). — Folq. de Mars. 18 (M. W. 1, 319). — Raimb. de Vaq. 20 (M. W. 1, 373). u. s. w. — *Conquerer*, Aim. de Peg. 50 (Chr.⁸ 123). — B. de B. 10 (ed. Stim.) — Folq. de Mars. 20 (M. W. 1, 373). — Guir. Riq. 31 (M. W. 4, 64). u. s. w. — *Enquerer*, Raimb. de Vaq. 28 (M. W. 1, 360). — *Requerer*, Guir. del Ol. 38 (B. D. p. 39).

Tener und seine Composita sind gebräuchlicher als die Formen auf *ir* (S. p. 16). *Tener*, B. de B. 6. 10. 38. 40 (ed. Stim.). — Bern. de Palaz. 4 (R. 4, 203). — Bernart 3 (P. O. 36, 2). — *Abstener*, Arn. de Mar. 9 (M. W. 1, 62). — Bertol. Zorgi 12 (R. 4, 234). — Gauc. Faid. 28 (Arch. 36, 389). — *Captener*, B. de B. 38 (ed. Stim.). — P. Raim. de Tol. 20 (M. W. 1, 144). — *Destener*, Bertol. Zorgi 12 (R. 4, 234). — *Estener*, Guill. de Sal. 1 (R. 3, 394). — P. Vidal 9 (ed. B. 31). — Ponz. d'Ortaf. 2 (L. d. troub. p. 119). — u. s. w. — *Mantener*, B. d. B. (ed. Stim.) 6, 42 — Esteve 1 (B. D. p. 132). — Folq.

---

*) Dafür spricht auch das von Diez, Gram. II.⁸ 227 aufgeführte *rezemer* (P. Corb. 166). Dies steht übrigens hier in epischer Cäsur, welche durch Anlehnung von *lo* (obl.) an *Dieu* leicht beseitigt werden könnte. — *Reembre*, auch von Diez angeführt, habe ich nicht belegt gefunden, ebensowenig *rezemir*. — Ein anderes Compositum von *emĕre*, *exĭmĕre*, ist indess bei Ray. Lex. als provenz. *eximir* belegt, wenn auch nicht im Reim.

**) Bei Arn. de Cominge 1 (Arch. 34, 197) aber auch *tolre* metrisch gesichert.

(M. W. 4, 234). — Peirol 17 M. W. 2, 33). u. s. w. — *Retener*, Aim. de Peg. 50 (Chr.⁸ 159). — P. Raim. de Tol. 5 (Chr.⁸ 86). — B. de B. 38 (ed. Stim.). — Bern. de Prades 2 (B. D. p. 143) u. s. w. — *Sobretener*, Gauc. Faid. 44 (Arch. 33, 454). — *Sostener*, Guir. de Born. 30 (M. G. 239). — Guir. Riq. 31 (M. W. 4, 64). — Mrcbr. 38 (Arch. 33, 339). — P. Raim. de Tol. 20 (M. W. 1, 144). u. s. w.

Recreser bei P. de Valeira F 169 und Dᶜ 145 auffallend neben *crer*, *creire* (stammbet.). — Ebenso *fazer*, *dizer*, *cometer* bei Bonif. Calvo (nur M. G. 619) neben *faire*, *dire*, *cometre*. — *Comer*, Gavauda 5 (Ms. C) s. bei stammbet. Inf. *Plaisser* statt *plaser* ist blos Schreibweise. Es reimt mit *voler* 461, 82 (Arch. 35, 108) und 461, 138 (W 204ᵃ). — *Estober* findet sich einmal bei Guir. de Born. 53 nach C (M. G. 866), N (M. G. 568) und a p. 23. Das in Arch. 33, 321 und M. G. 867 nach A und M. G. 1375 nach B gebotene *estorbier*, resp. *estorber*, ist als Fehler anzusehen, da sich eine auf *arium* zurückgehende Form nicht mit dem Reim vertrüge und *estorbier* auch sonst nicht nachzuweisen ist (*estovoir*, afr. häufig z. B. Partenop. Bern. Hs. fol. 235e »*por estovoir*«). Tobler leitet in Kuhns Zeitschrift n. F. III., 421 *estober* von *est opus* ab. Vergl. dazu Scheler, Anh. zu Diez E. Wörterb., Gröbers Zeitschrift II., 108 u. 307, wo Bartsch irrthümlich die Lesart als zu unsicher bezeichnet. Vergl. ferner Rom. VI., 156.

IV. Stammbetonte Infinitive.

Diese Gruppe repräsentirt im Wesentlichen die lat. III. Conjugation, wenigstens gehen fast sämmtliche hierher gehörige Infinitive auf diese zurück. Eine kleine Anzahl unter ihnen, bei welchen der Stammauslaut unmittelbaren Antritt des *r* nicht gestattete, hat den Bindevocal e bewahrt, aber das e der Endung abgeworfen. Diese sind in einer besondern Abtheilung zusammengestellt. Die übrigen sind zur Erleichterung der Uebersicht je nach Beschaffenheit der Stammsilben in Unterabtheilungen gebracht.

1. Infinitive auf er (unbet.).

Die Mehrzahl derselben geht auf lat. Infinitive zurück, deren Stamm auf ng auslautete; extinguere hat sich denselben angeschlossen. Von *ng* blieb erweichtes *n*, das unter den verschiedenen Schreibweisen *gn, ngn, nh* stets denselben Laut hat. Zwischen erweichtem *n* aber und *r* bedurfte es eines vermittelnden Vocals und so blieb der Bindevocal erhalten. Hierher gehören:

a) **von lat. angĕre**: *afraigner, ataigner, complaigner, plaigner, refraigner, planher, franher, sofranher, tanher.* b) **von lat. ingĕre**: *aleigner, destreigner, empeigner, esteigner, feigner, peigner, seigner.* c) **von lat. ungĕre**: *onher, ionher, ponher.*

In *cognoscĕre, irascĕre, nascĕre, pascĕre* entwickelte sich aus *sc* ein *jss*, und so entstanden die Formen auf *oysser* und *aisser*, indem die sonst eintretende Lautverbindung *jss* den zwischen *jss* und *r* stehenden Bindevocal schützte. *Conoysser, reconoysser, iraisser, naisser, paisser.*

In *solver* und *volver* (Raimb. d'Aur. 10) verdankt der Bindevocal ĕ der Vermeidung der Consonantengruppe *lvr* seine Erhaltung. Freilich steht hier die Hs. M, welche die Cobla wohl am besten überliefert, mit *solvre, volvre* (M. G. 320) den Mss. I (M. G. 624) und D (M. G. 939) gegenüber*).

Dass die stammbetonten Infinitive auf *er* sich in der That nicht den endungsbetonten angeschlossen haben, beweisen für die Inf. auf *eigner* der nom. sg. *seigner (senher)*, mit dem sie bei El. Cair. 4 (Arch. 33, 444) und bei Raimb. de Vaq. 16 (D⁴ 733)

---

*) Bartsch in seiner Chrest. setzt nur *solvre, volvre* an, gibt aber nur einen Beleg: 190, 7, wo *solvre* indessen in epischer Cäsur steht. — Vgl. auch Ponz. de Capd. (Nap.) XXVI. 18. Ray. Lex. gibt die Schreibweisen *solver* und *solvre* belegt, aber nicht metrisch gesichert. *Volver* und *volvre* hat er nicht belegt.

reimen, für die auf *onher* und *aisser* aber *loigner* und *graisser*
bei Aim. de Peg. 47 (M. G. 1210—12). Es lassen sich diese
Infinitive aber auch in Gedichten mit Reimwechsel als weibliche
Versausgänge nachweisen; so bei Aim. de Peg. 47 durch *lima,
prima, rima*; bei Alb. de Sest. 11 (M. G. 782) durch *richa*
(dompna), *senhoria, amia*; bei B. d. B. 27 (ed. Stim.) durch
(la gent) contenta, dolenta, cura, aventura u. s. w.; bei Raimb.
d'Aur. 10 durch *veire, verga, erga* u. s. w. Alb. de Sest. 18
(Arch. 33, 446) ist nach der Reimformel a b b c c c d d gebildet, die Reihe a zeigt ausschliesslich stammbetonte, b ausschliesslich endungsbetonte Infinitive auf *er*; beide sind also
streng auseinander gehalten. Damit sind diese Infinitive als
Paroxytona gesichert*); dass aber das *e* der Endung und
nicht etwa der Bindevocal gefallen sein muss, ergibt sich aus
Stellen innerhalb des Verses, wo die Silbenzählung consonantischen
Auslaut verlangt. So z. B. (Napolski, Ponz. p. 103): *O si dei
planger e plorar.* P. Vidal 23, 19 (ed. B.): *e sai conoisser e
grazir.* — Arn. de Mar. 23 (M. W. 1, 158 IV.): *conoisser e
chauzir.* — Caden. 13 (F 131): *plaigner homs.* — Mönch v.
Mont. ed. Phil. VII.: .... *conoisser eu me.* — Raimb. de Vaq.
3. — Raimb. d'Avinh. 1.

2. Infinitive auf aire.

*Atraire, braire, desfaire, estraire, faire, maltraire, plaire,
raire, refaire, retraire, sostraire, taire, traire.* Sie gehen alle
auf lat. *acĕre, adĕre (agĕre), ahĕre* zurück. Für *plaire**) bei
Raimb. de Casteln. 2 (Ms. C) ist ein *placĕre* anzusetzen; für
*taire***) bei P. Card. 45 (Chr.³ 170) ein *tacĕre*; für *braire*
(sehr häufig) ein *bracĕre (bragĕre).* Vgl. Diez Et. Wb.

---

*) S. Anm. 5 am Schluss der Arbeit.
**) S. aber *plazer* unter den endungsbetonten Infinitiven.
***) Diez, Gram. II.³ 220 führt *tazer* und auch *taisser* auf; Bartsch,
Chrest. ebenfalls *tazer*, der einzige Beleg, den er angibt, ist aber nicht
metrisch gesichert.

Die Reimreihen*) liefern uns den Beweis, dass auch die Infinitive auf *aire*, Paroxytona sind. Wir finden in denselben zahlreiche Wörter, welche im Lateinischen Paroxytona waren, und es nach den Lautgesetzen im Provenzalischen auch bleiben mussten. Es wird genügen, einige Belege für die am häufigsten vorkommenden Formen zusammenzustellen:

1) **Von lat. ator****): *amaire*, n. sg., Aim. de Peg. 42 (M. G. 1169). — Arn. de Mar. 5 (R. 3, 345). — *emperaire*, n. sg., Arn. de Mar. 5 (R. 3, 346). — Cadenat 22 (M. G. 94). — *chantaire*, n. sg., Dalfi d'Alv. 9 (R. 4, 258). — Gauc. Faid. 7 (M. G. 31). — *gabaire*, n. sg., Folq. de Mars. 24 (Ms. R). — *peccaire*, n. sg., P. de Corb. 1. — Ponz. de Capd. 22 (ed. v. Napolski). — *salvaire*, n. sg., Gauc. Faid. 93 (M. G. 67). — *trichaire*, n. sg., B. d. Vent. 29 (M. G. 68). — G. de Berg. 22 (ed. Keller 2).

2) **Von atrem** (obl. sg.): *paire*, Aim. de Peg. 42 (M. G. 1169). — Caden. 9 (Arch. 34, 435). — *fraire*, B. d. Vent. 29 (M. G. 68). — El. Cair. 11 (Arch. 33, 442). — *maire*, Esperd. 2 (Arch. 34, 189). — Mrcbr. 30 (Arch. 51, 130).

3) **Von atri** (n. pl.), *fraire*, Mönch. v. Mont. 19.

4) **Von atro** (n. sg.): *laire*, B. de Vent. 29 (M. G. 68). — Guill. de Berg. 22 (ed. Kell.).

5) **Von adrum**: *caire*, obl. s., Mrcbr. 5 (Arch. 51, 129). — Raimb. d'Aur. 13 (Arch. 51, 136). — *Belcaire*, Dalfi d'Alv. 9 (R. 4, 258). — Mont. Sartre 1 (Ms. M).

Von Wörtern, die auf lateinische Proparoxytona zurückgehen, finden wir:

1) **Auf area**: *(bon)aire*, Arn. de Mar. 5 (R. 3, 346). — B. d. Vent. 29 (M. G. 68).

---

*) S. Anm. 6 am Schluss der Arbeit.

**) Stimming in der Anmerkung zu B. d. B. 5, 40 weist zwar mit Recht auf Abweichungen der hierher gehörigen Substantive hin, aber vergl. dazu auch seine Anm. zu 1, 6. *Emperaire*, Ross. 7268 ist nach O übrigens n. sg., ebenso P. d. Capd. 22, 22. *Lichaire* n. pl. ist wohl = *li chaire* = »quadri«, also formrichtig, Ross. 8280. *Laire* obl. s., Marc. 8, 20 könnte »Lazarum« sein.

2) **Auf arium:** *gaire*, Caden. 12 (Arch. 34, 172). — El. Cair. 11 (Arch. 33, 442). — *repaire*, Caden. 22 (M. G. 94). — Mont. Sartre 1 (Ms. M). — *vaire*, Arn. de Mar. 5. (R. 3, 346). — Caden. 9 (Arch. 34, 435). — *veiaire*, Arn. de Mar. 5. — B. de Vent. 29 (M. G. 68).

3) **Auf atior** (n. s.): *belaire*, Arn. de Mar. 5 (R. 3, 346). — Lamb. de Bon. 6 (Arch. 33, 450).

4) **I. s. pr. ind. (ario):** *vaire*, Gauc. Faid. 36 (M. G. 480). — Guill. Adem. 2 (Arch. 33, 456).

5) **I. s. pr. conj. (ariem):** *esclaire*, Gauc. Faid. 7 (M. G. 31). — G. de Berg. 22 (ed. Kell. 2). — *repaire*, B. d. Vent. 29 (M. G. 68). — Raim. de Mirav. 19 (Arch. 33, 439). — *vaire*, Dalfi d'Alv. 9 (R. 4, 258).

6) **III. s. pr. conj. (ariet):** *esclaire*, B. d. B. 26*). — Bertr del Poget 1 (Arch. 34, 374). — B. de Vent. 29 (M. G. 68). — B. Marti 8 (Ms. C). — *repaire*, B. Marti 8. — Peirol 30 (M. W. 2, 32).

Auch durch Reimwechsel sind die Infinitive auf *aire* als weibliche Versausgänge gesichert. So bei B. d. Vent. 4 (R. 3, 47) durch *cauza*, *clauza* (part.). — B. de Vent. 37 (Chr.³ 50) durch *vilana*, *certana*, *humana*. — Dalfi d'Alv. 9 (R. 4, 258) durch *creatura*, *figura*, *persona*, *Narbona*, *corona*. — Guill. de S. Leid. 8 (M. W. 2, 55) durch *clamada*, *dada* (part.). — Guir. Riq. 15 (M. W. 4, 92) durch *bergeira*, *guerreira*, *torta*, *morta*. — Mrcbr. 32 (Arch. 51, 26) durch *sentensa*, *duerensa*, *felonia*. — Mönch. v. Mont. 6 (ed. Phil.) durch *conoissensa*, *sufrensa*. — 9. durch *valensa*, *faillensa*. — Vergl. ferner: Aim. de Peg. 45. — Arn. de Mar. 19. 21. – B. de Vent. 4. 12. 30. 37. — Bert. Carb. 16. — Bonif. Calvo 2. — El. Barj. 12. — Folq. 2. — Gorm. de Monp. 1. — Granet 2. — Gui d'Uis. 14. — Guigo 2. — Guill. Aug. 1. 5. — G. de Berg. 1. 6. 22. — Guill. Fig. 2. — Guill. de S. Leid. 16. — Guir. de Born.

---

*) Mir scheint nicht nöthig, III. s. pr. ind. anzunehmen, wie Stimming möchte.

64. — Guir. d'Esp. 16. — Guir. Riq. 7. 15. 38. 40. 49. 51. 78.
82. — Joan Est. 8. 9. — Joios de Tob. 1. - Lanfr. Cig. 17. —
Mrcbr. 24. 30. 32. — Mönch v. Mont. 6. 9. 18. 19. — Mont.
Sartre 1. — P. de la Carav. 1. - P. Card. 45. 52. 69. —
Peirol. 11. 15. — Perdigo 15. — Raimb. de Vaq. 7. 32. —
Raim. Mirav. 35. — R. de Tors 3. 5. — R. de Pons 1. — Ric.
de Tarasc. 2. — Sordel 1. — Tomier 1. - Uquet 1. — Anon.
123. 194. Für den Fall des Bindevocals, resp. für den Bestand
des e der Endung finden sich beweisende Stellen innerhalb des
Verses, wo die Silbenzählung nur vocalischen Auslaut der
Infinitive, also re zulässt. Z. B.: B. d. B. 6 (ed. Stim.) 33. —
22, 11. — Folq. de Mars. 13 (Arch. 51, 274). — Ponz. de
Capd. 8 (Nap. XXVI, 22). — P. d'Alv. 11^{IV} (M. W. 1, 94). —
P. Vidal 26, 6 (ed. B).

Dass es in der That geboten war, die Infinitive auf aire als
Paroxytona mit der Endung re zu bestimmen, zeigt die Form
far, zu welcher faire sich im häufigen Gebrauche gekürzt hat.
(Vergl. übrigens Diez, Gram. II.^{3} 209 und Provenzal. Gram., ed.
Stengel, p. 13 C, wo freilich offenbar eine irrthümliche Umkehr
der beabsichtigten Regel steht.) Dazu stellen wir noch, wenn
auch nicht der Herleitung nach, dar, lat. dare. Diese zwei
Infinitive finden sich in den schon besprochenen Reihen auf
endungsbetontes ar*). Die Formen far und faire sind in
der auf uns gekommenen Literatur weder zeitlich noch
mundartlich geschieden. Dieselben Dichter, dieselben Lieder
zuweilen, bieten beide Formen gesichert. Bei Guill. de
Fig. 2 z. B. finden sich faire und far im Reime, ebenso bei
Gauc. Faid. 4 (Chr.^{3} 145), Sordel 12 (Arch. 34, 392). Vergl.

---

*) Estrar bei Sordel 12 (Arch. 34, 392 und M. G. 1270) in einer
nur von H überlieferten Cobla ist unsicher. Der Vers ist in Unordnung;
die Formel abab ist zu abba gewandelt, man müsste also in jedem
Falle emendiren, entweder unter Umstellung von Zeile 3 und 4 und
Beibehaltung von estrar, oder indem man estrar in estraire umschreibt
und für Zeile 3 ein Reimwort auf aire ansetzt. — Arn. de Mar. 12
(Ms. C) hat auch einmal trahinar, wo Reim und Metrum traire ver-
langen. Rayn. führt irrthümlich diese Stelle als Beleg für trahinar an.

ferner Arn. de Mar. 15* (P. O. p. 16). — 5 (R. 3, 346). — B. d. B. (ed. Stim.) 43*. — 26. — B. de Vent. 4* (R. 3, 47). — 12 (Chr.⁸ 50). — Bertr. Carb. 44* (B. D. p. 6). — 16 (P. O. 242). — Guill. Adem. 7* (R. 4, 327). — 2 (Arch. 33, 456). — Guir. de Born.* (Chr.⁸ 101, 19). — 12 (Arch. 51, 8). — Guir. Riq. 2* (M. W. 4, 19). — 32 (M. W. 4, 86). — Mrcbr. 15* (R. 3, 373). — 7 (Chr.⁸ 62). — Peire Card. 9* (M. G. 758). — 27 (M. W. 2, 201) u. s. w. (Die mit * versehenen Lieder bieten *far*, die andern *faire* im Reim.)

Metrisch durch Stellen innerhalb der Verse ist *faire* und *far* gesichert bei Alb. de Sest. 2 (Arch. 51, 250). — Ponz de Capd. 20 (Nap. XII.) 31. — In Boëth. (Chr.⁸ 2, 25) würde der Vers: *fez u breu faire per gran decepcio* den Infinitiv *far* eben so gut zulassen, da *faire* in epischer Cäsur steht, während 5, 44: *que negus om no pot desfar neienz* nicht *desfaire* stehen könnte. *Far* ist noch 2, 24 gesichert, während *faire* nicht weiter vorkommt.

3a. Infinitive auf iure (eure).

Escriure†), *descriure, beure, viure, reviure* sind sofort klar. Zwei auffallende Wörter sind *pliure* und *siure* bei Raimb. d'Aur. 22 (M. G. 626/27 I und M und noch in D und a) im Reime auf *uiure, liure*, I. s. pr. ind., *giure*, obl. sg. Sie stehen für *plevir* und *seguir*, welche freilich — soviel ist trotz der sehr schlechten Ueberlieferung des Liedes zu constatiren — hier nicht eingesetzt werden können. *Viure*, reimt bei Guill. IX. (Chr.⁸ 28), bei Bern. de Pradas 2 (B. D. 143) mit *escriure*, begegnet aber auch in der Schreibart *vieure* bei Peire Card. 27 (M. W. 2, 204) im Reim auf *beure*, das sich nur hier im Reim findet und wohl die Schreibweise *vieure* veranlasst hat. Die beiden andern Wörter der Reihe, *lieure, enieure* sind sonst ebenfalls *liure* und *eniure* geschrieben ††).

---

†) S. escrire unter 3 b.
††) S. Anm. 7 am Schluss der Arbeit.

Als Reimworte stehen in allen Reihen *ivre, livre, (deslivre),* adj. od. I. pr.; ausserdem bei Arn. de Mar. 11, Bern. de Pradas 2 und Raimb. d'Aur. 22 *givre.* Damit sind diese Infinitive freilich nicht als Paroxytona gesichert. Hierfür ist aber Reimwechsel beweisend, bei Guill. IX. 6 durch *nostre, vostre.* — Raimb. d'Aur. 10 durch *aiga, laiga* (gent). — P. Carden. 27 durch *vida, pena* u. s. w.

Dass wir die Endung *re* und nicht etwa unbetontes *er* vor uns haben, ergibt sich aus Stellen innerhalb des Verses, welche wegen der Silbenzählung nur vocalischen Auslaut gestatten: Guill. de Montanh. 10 (F 162⁹): *viure adrechamen.* — Ponz. de Capd. 1· (Nap. XI.²⁴): *vivr'e morir.* — Sordel 2. 29 (F 11. 15). — Ponz de Capd. 21. — Rich. de Berb. 1 (M. G. 34). — Turc Malec 1 (Arch. 34, 200): *Com si volgues beure en fon.* — Guill. Magret 6 (F. 139).

3 b. Infinitive auf ire (ir).

Sie alle haben den Stammvocal *i* bewahrt. Der einfache Stammauslaut *b, c, d, g* fiel entweder gleichzeitig mit oder nach dem Bindevocal, falls nicht im ersteren Falle eher Anbildung an die Infin. auf *ir* anzunehmen ist. Hierher gehören: *aculhir*, assire, aucire, bendir (benezir)*, contradire, culhir*, desaculhir*, desconfire, desdire, devire, dire, escondire, esorire, esdir, eslire, frire, reculhir*, rire.*

Escrire, lat. *scribĕre.* Dies gab zunächst regelrecht *escrivre* (S. oben 3 a!). — *Rire* geht auf ein lat. *ridĕre* (neben *ridēre*), das in dem Compositum *irridēre* belegt ist. *Frire* vertritt die Bedeutung von *frigĕre* und *frigēre.*

Die mit * bezeichneten Infinitive kommen nur ohne auslautendes *e* vor †), *devire* nur mit demselben. Alle andern begegnen in beiderlei Formen. Eine Scheidung nach Zeit und Mundart lässt sich dabei nicht nachweisen, wir finden

---

†) Im Französischen verhält es sich ähnlich, wir haben *dire, écrire, lire, rire,* u. s. w., aber *cueillir* und auch *bénir.*

doppelten Formen bei denselben Dichtern, ja oft in denselben Liedern.

Betrachten wir zunächst die Formen auf *ire*. Für den Nachweis, dass sie wirklich Paroxytona (mit auslautendem *e*) sind, bieten uns die Reimreihen*) nur wenig Anhaltspunkte. Von den Abstracten auf *ire* ist schon pag. 14 Anm. * erwähnt, dass sie im nom. sg. mit und ohne *e* gebräuchlich sind. Ebenso ist das *e* der Präsensformen auf *ire* facultativ, also hier für den Bestand des *e* ebenso wenig beweisend, wie es bei den endungsbetonten auf *ir* für den Fall desselben beweisend sein konnte. Es bleiben also fast nur die Nomina, welche auf lat. *itor* zurückgehen. Diese haben im n. sg. keine Nebenformen auf *ir* und sind durch ihre Etymologie als ursprüngliche Paroxytona gesichert. Die folgende Zusammenstellung gibt von den zahlreichen Belegen für die einzelnen Wörter nur einige. *cobrire*, Folq. de Mars. (M. G. 685). — *descobrire*, Bertol. Zorgi 1 (Arch. 34, 182). — Gauc. Faid. 17 (Arch. 51, 280). — *garnire*, Alb. de Sest. 7 (R. 4, 38). — *grasire*, Bertol. Zorgi 1 (Arch. 34, 182). — Gauc. Faid. 44* (Arch. 33, 454). — Ponz. de Capd. 5. — *jauzire*, Aim. de Peg. 20 (M. W. 2, 164). — Arn. Dan. 18 (M. W. 75). — Arn. de Mar. 4 (M. W. 1, 165). — *mentire*, Arn. de Mar. 4 (M. W. 1, 165). — P. Carden. 10 (M. G. 760). — Ponz. de Capd. 5. — *obesire*, Gui d'Uis. 7 (P. O. 304). — *regire*, P. Card. 9 (M. G. 758). — *servire*, Arn. de Mar. 4 (M. W. 1, 165). — Aug. Novella 2 (F 137). — B. d. B. 10. — *sofrire*, Alb. de Sest. 18 (Arch. 33, 446). — Arn. de Mar. 4. — Gauc. Faid. 32 (Arch. 51, 276). — *traire*, Aim. de Peg. 20 (M. W. 2, 164). — Arn. de Mar. 4. — Folq. de Mars. 1 (M. G. 685).

Dazu kommen noch: *Cyre* (Eigenname), P. Card. 10 (M. G. 760). — *sire*, Aim. de Peg. 1 (M. G. 557). — *ire*, obl. sg., Anon. 17 (Ms. C). — *ir'e* (= ira en), Adem. lo Negre 3 (D 656).

---

*) S. Anm. 8 am Schluss der Arbeit.

Durch Reimwechsel sind die Infinitive auf *ire* als Paroxytona gesichert bei: Aim. de Peg. 1 (M. G. 557) durch *esperansa*, *balansa*, *fiansa*. — Alb. de Sest. 17 (R. 4, 38) durch *sciensa*, *Proensa*, *semblansa*, *Fransa*. — B. d. Vent. 4 (M. W. 1, 37) durch *causa*, *nausa*, *clausa*. — Bertol. Zorgi 17 Arch. 34, 181) durch *desmesura*, *cura*, *dreitura*. — Folq. de Mars. 17 (M. G. 85) durch *malanansa*, *pesansa*. — Gauc. Faid. 53 (Arch. 51, 277) durch *enfansa*, *semblansa*, *esperansa*. — Peirol 15 (M. W. 2, 14) durch *cortesia*, *amia*, *via*, *senhoria*. — Tomier 2 (R. 5, 275) durch *comtessa*, *Algessa*, *Provensa* u. s. w.

Aus dem Innern der Verse lässt sich ein besonderer Beweis für das auslautende *e* nicht erbringen. Entweder stehen die Infinitive vor consonantisch anlautenden Wörtern, dann könnte ebenso gut unbetontes *er* stehen als *re*; oder sie stehen vor vocalisch anlautenden Wörtern, dann ist das auslautende *e* metrisch indifferent, also auch nicht beweisend für die Schreibung. Die Formen auf *ir* bilden keine besondern Reihen, sondern sie stehen mit den endungsbetonten Infinitiven auf *ir* zusammen und sind mit diesen als Oxytona erwiesen worden*). Es erübrigt daher nur noch, für die doppelten Formen reimsichere Belegstellen zusammenzustellen und bedarf nicht einer besondern Beweisführung durch Stellen aus dem Innern der Verse, wie z. B. Ponz de Capd. 27 ed. v. Napolski 19, 6.

assire (etwa 6 mal so oft als assir) bei B. d. B. (ed. Stim.) 10. — P. Card. 9 (M. G. 758). — P. Vidal 33 (ed. B 42) u. s. w. —

---

*) Von besonderem Interesse sind solche Gedichte, in welchen Infinitive auf *ir* und *ire*, also Oxytona und Paroxytona in deutlich geschiedenen Reimreihen neben einander hergehen. In dem Liede Nr. 25 von B. d. Vent. z. B., welches die Reimformel ababababab hat, ist a als weiblicher Reim gesichert durch (la) *bella*, *esperansa*, *companha*; b ist männlich, gesichert durch *me*, *re*. In der Reihe a stehen die Infinitive *dire*, *aucire*, in der Reihe b *ausir*, *aculhir*, *venir*, *partir*, *jausir*, *morir*. Aehnlich ist es bei Gauc. Faid. 37 (Arch. 51, 279). — Bertol. Zorgi 17 (Arch. 34, 181). — Bonif. Calvo 2 (Ms. K). — Gauc. Faid. 53. — Guill. Anel. 2. — Guill. Augier 5. — Guir. de Born. 61. — Guir. de Cal. 1. — Joan Est. 9. — Mönch v. Foiss. 1. — Peire de Buss. 2. — P. Raim. de Tol. 5. — Peirol 1. — Raim. de l. Salas 4. — Uc de S. Circ 16.

assir, Dande de Pradas 14 (M. G. 86). — Gauc. Faid. 49 (M. W. 1, 39) — 69 (M. G. 104). — P. Card. 31 (M. W. 2, 180).

aucire, Aim. de Peg. 20 (M. W. 2, 164). — Guir. Riq. 66 (M. W. 4, 51). — P. Raim. de Tol. 5 (Chr.⁸ 85). — P. Vidal 33 (ed. B 42). u. s. w. — *aucir*, Aim. de Peg. 50 (Chr.⁸ 159). — Guir. Riq. 44 (M. W. 4, 31). — P. Raim. de Tol. 7 (M. W. 1, 184). — P. Vidal 38 (ed. B. 42).

culhir, Bertol. Zorgi 7 (P. O. 210). — B. d. Vent. 25. — Guir. de Born 56. — Guill. Montah. 11. — Guill. de Mur 7 (M. W. 4, 243). — Guir. Riq. 41 (M. W. 4, 243). — P. Guill. 2 (L. d. troub. VI). — *aculhir*, Aim. de Peg. 51 (M. G. 1217). — Gauc. Faid. 30 (Arch. 51, 277). — Guir. Riq. 21 (M. W. 4, 49). — P. Card. 4 (R. 4, 254). — *desaculhir*, Guir. Riq. 72 (M. W. 4, 69). — *reculhir*, Guir. Riq. 72 (M. W. 4, 69). — P. Card. 18 (M. W. 2, 223). — P. Vidal 8 (ed. B. 25). — 23 (ed. B. 26).

dire, Aim. de Peg. 20 (M. W. 2, 164). — Guir. de Born 72 (M. G. 127) u. s. w. (etwa 60 mal im Reim). — *contradire*, Aim. de Peg. 20 (M. W. 2, 164). — Arn. de Mar. 8 (M. W. 1, 157). u. s. w. — *desdire*, B. d. B. 10 (ed. Stim.). — Guir. Riq. 66 (M. W. 4, 51). — *escondire*, Gauc. Faid. 17 (Arch. 51, 280). — Folq. de Mars. 1 (M. G. 685). u. s. w. — *esdire*, Folq. Rom. 9 (Arch. 34, 412). — *dir*, Aim. de Peg. 46 (M. G. 1174). — Guill. de Mur. 7 (M. W. 4, 243) u. s. w. (mehr als 160 mal im Reim). — *benesir*, Joan Est. 9 (Azais p. 101)*). — *bendir*, Gauc. Faid. 16 (M. G. 455). — Guir. Riq. 21 (M. W. 4, 49). — Huc del Valat (Joyas 16—19). — *contradir*, G. de Berg. 4 (M. G. 589). — Guir. del Ol. 47 (B. D. p. 29) u. s. w. — *escondir*, Daude de Pradas 14 (M. G. 86). — P. Raim. de Tol. 18 (Arch. 421). — *esdir*, P. Card. 16 (M. G. 983). — Raimb. de Vaq. 11 (R. 4, 184). u. s. w. — *maldir*, Bertr. Carb. (B. D. p. 20). — Folq. de Mars. 23.

Desconfire, Folq. Romans 9 (Arch. 34, 412). — *desconfir*, Mrcbr. 22 (M. W. 1, 48).

---

*) Im Reime auf *murir*; die drei Silben verlangt der Vers *si me benesir*, dem in den andern Coblen nur Fünfsilbler entsprechen.

Devire, die volksmässige Form aus *dividere* (S. *devesir*, endungsbet.): Aim. de Bel. 19 (M. G. 901). — Aim. de Peg. 20 (M. W. 2, 164). — Folq. de Mars. 22 (R. 3, 149). u. s. w.

Escrire, B. de Vent. 12 (R. 3, 72). — P. Card. 32 (M. W. 2, 232). — B. Sicart. 1 (R. 4, 191). — P. Vidal 33 (ed. B 42) u. s. w. — *escrir*, Guill. Anel. 2 (R. 4, 271).

Eslire, B. d. B. 10 (ed. Stimm.). — Gui d'Uis. 7 (P. O. p. 304). — Uc. de S. Circ 1 (M. G. 1137). — *eslir**), Arn. Dan. 13 (Arch. 51, 146).

Frire (backen, kochen), Alb. de Sest. 17 (R. 4, 38). — Dalfi d'Alv. 3 (R. 5, 125 [ous fr.]). — P. Card. 28 (M. G. 1226/27).

Frire (schauern, schaudern *tremblar et frire)*, bei: Gauc. Faid. 53 (Arch. 51, 277), 55 (M. G. 497). — Lais Mark. (Zeitschrift I. 63). — *frir***), Mrcbr. 41 (M. G. 664).

Rire, B. de Vent. 4 (R. 3, 47). — Gauc. Faid. 17 (Arch. 51, 280). — Folq. de Mars. 1 (M. G. 685). — P. Carden. 60 (M. W. 2, 184). u. s. w. — *rir***), P. Raim. de Tol. 18 (Arch. 35, 421). — Ponz de Capd. 6 (M. W. 1, 352 = ed. v. Nap. III., 43).

4. Infinitive auf endre (enre).

Ausser *fendre*, lat. *findére*, sind es lauter Infinitive, welche lat. auf *endére* ausgingen. Sie liessen den Bindevocal fallen und hielten das auslautende *e* als Stütze der Consonantengruppe *ndr*. Hierher gehören: *accendre, apendre, aprendre, assendre, atendre, comprendre, contendre, defendre, desapenre, deisendre, despendre, detendre, emprendre, encendre, enpendre, entendre, escoissendre, estendre, fendre, mesprendre, offendre, pendre, prendre, perpenre, rendre, repenre, reprendre, revendre, sobreprendre, sorprendre, vendre*.

---

*) S. auch *legir*, *elegir* und *fregir* bei den endungsbet. Inf.
**) Die Leys erklären *frir* und *rir* für unzulässig.

Die Reimreihen bieten hier nur wenig Anhaltspunkte für die Feststellung der Form der Infinitive. Von den 4 Wörtern, welche neben denselben in den Reihen vorkommen — *mendre*, Raim. Jordan 2 (Arch. 33, 465) — Lamb. de Bon. (Muss. 444). — Raim. Mirav. 18 (Arch. 33, 440) — 21 (M. G. 1103—4) Uc de S. Circ 8 (M. G. 1154), — *cendre*, obl. sg., B. de la Fon 1 (P. O. 395), — *vendre* (San), Anon. 123 (B. D. p. 66), — *ingendre*, III. s. pr. conj., Bern. de la Fon 1 (P. O. 395) — gehen zwar die 3 letzteren auf lat. Proparoxytona zurück; es erscheint aber doch geboten, hier, wie auch bei den vorhergehenden Gruppen an Gedichten mit Reimwechsel nachzuweisen, dass die Infinitive auf *endre* als weibliche Versausgänge gesichert sind. Dies geschieht bei Aic. del Foss. 1 (R. 4, 430) durch *campaigna*, *estraigna*, *Alamagna*. — Alb. de Sest. 11 (M. G. 782) durch (dompna) *richa*, *estranha*. — Guill. de S. Leid. 16 (P. O. p. 287) durch *promessa*, *messa*. — P. de la Carav. 1 (R. 4, 197) durch *Alamaigna*, *compaigna*, *Sardaigna*. — P. Vidal 26 durch *bona*, *Carcassona*. — Raim. Mirav. 6 (Arch. 33, 436) durch *vilana*, *cabana*. — Sordel 10 (M. G. 1267) durch *amia*, *via*. — Uc de la Bac. 3 (P. O. p. 375) durch *pena*, *serena*, *alba*. — u. s. w.

Dass die Endsilbe nur *re* und nicht *er* sein kann, beweisen Stellen innerhalb des Verses, wo die Silbenzählung eine Contraction dieser Endsilbe mit dem folgenden vocalisch anlautenden Worte verlangt. Caden. 7 (F 128): . . . *defendre ab bran.* — Gauc. Faid. 56 (F 28). — Guir. Riq. 24 (M. 4, 28): . . . *entendre allor.* — Durf. 47 (M. W. 4, 72). — 65 (M. W. 4, 80): . . . *apenre assats.* — Peirol 11 (F 109). — Ponz Fabre 1 (F 132[I]): . . . *entendr'en.* — Sordel (F 13). — P. Vidal 12 (ed. B). — Guill. Fig. 8 (Levy 7): . . . *Per rendre a . . ., defendre a.* —

5. Infinitive auf ondre.

Sie finden sich in 3 Reihen, bei Guill. de S. Greg. (M. G. 109 und 437): *respondre*, *escondre*, *tondre*; P. Guill. 4 (B. Peire

Vidal 34): *respondre, despondre, somondre, tondre*; bei Izarn
Rizol: *fondre, cofondre, respondre, apondre.*

Die Composita von *ponĕre* haben *d* zwischen *n* und *r*
eingeschoben, nachdem der Bindevocal in *ponere* gefallen war;
ebenso *sumondre* von *submonĕre*, resp. *submonĕre*. Was *respondre* und *tondre* betrifft, so sind nach Diez, Gram. II.³ 135
respondĕre und *tondo* (wofür ein Infinitiv *tondĕre* anzusetzen·
wäre) belegt.

Von den Reimworten: *Londres*, bei Guill. de S. Greg. 4;
alhondre, yrundre bei Jzarn Rizol 1, *ondre, desondre*, III. s. pr.
conj., sind nur *alhondre* und *yrundre* durch ihre Etymologie
dafür beweisend, dass wir stammbetonte Paroxytona vor uns
haben. Beweisenden Reimwechsel finden wir bei P. Guill. 4
durch *drudaria, cortezia.*

6. Einzelne Infinitive.

Batre (batuĕre) und seine Composita sind in 3 Reihen
belegt: bei Guill. de S. Leid. 16 (P. O. 287) *abatre, batre,·
combatre, esbatre, escombatre;* bei Guill. de la Tor. 10 (Chr.³
201) *combatre, esbatre*, gebunden mit *quatre, fratre* (voc. sg.),
und bei Raimb. de Vaq. 32 (Chr.³ 126) *abatre, combatre* auch
mit *quatre*. Die Infinitive sind in den 3 Gedichten durch·
Reimwechsel als Paroxytona gesichert. Das auslautende e ist
metrisch gesichert bei Ponz de Capd. 22 (Nap. XIII. 11).

Metre (mittĕre) und seine Composita *ametre, demetre,
entremetre, esdemetre, esmetre, prometre, trametre* bilden zwei
Reihen, bei Guill. de S. Leid. 16 (P. O. 287) und bei Lamb.
de Bon. 3 (Arch. 51, 100) mit *letre*. Bei Guill. de S. Leid 16
ist Reimwechsel für die paroxytonische Geltung beweisend, für·
das auslautende *e* die Silbenzählung bei Folq. de Mars 17
(Arch. 51, 270). — B. d. B. 21, 76 (ed. Stimm.) B. d. B. 44,
31 (ed. Stim.). — Guillem 3. — Uc. de S. Circ 25.

Auf *ebre* finden sich zwei Reihen, bei Aim. de Peg. 47
(M. G. 1212) und bei El. Cair. 2 (Arch. 33, 441). Die Infinitive

sind Composita von capĕre*): *apercebre, decebre, percebre, recebre, soissebre* und noch *erebre***) (bei El. Cair). Für paroxytonische Geltung sind die Reimworte *febre, genebre, pebre* bei El. Cair. 2 beweisend, sowie auch Reimwechsel bei Aim. de Peg. 47. Metrisch sichere Fälle sind mir nicht zur Hand. *Creire* von *credĕre.* Die Nebenform *crer*, P. Milo 9 (M. G. 288 im Reim auf *ver)* könnte als eine Kürzung aus *creire* erklärt werden, wie *far* aus *faire*, wenn man sie nicht·als aus *creér,* das im Evang. Joh. (Chr.⁸ 16, 24) begegnet, contrahirt betrachten will. *Creire* bei P. Carden. 27 (M. W. 2, 208) gebunden mit *toleire, preveire,* n. sg. — Raimb. d'Aur. 10 (M. G. 320, 624, 939, nach M, I, D) mit *veire* (vitrum). — Bertr. d'Alamano (L. d. troub. p. 134) mit *Veire***) (videre). *Creire* ist durch Reimwechsel bei P. Card. 27 und bei Raimb. d'Aur. 10 als weiblicher Reim, das auslautende *e* bei Folq. de Mars. 3 (Arch. 51, 269 L) metrisch gesichert.

Comer aus *comedĕre,* das bei Gavauda 5 (Ms. C) in einer endungsbetonten Reihe steht; zeigt gleich starke Verkürzung wie *crer.*

Ferre, querre, conquerre stehen bei Raim. de Tors 3 (M. G. 324 im Reim auf *sotsterre,* sind ausserdem auch durch Reimwechsel als Paroxytona gesichert. In dem anonymen Gedichte Nr. 177 (L. d. troub. p. 118) steht *sufrir* im Reim auf *sotsterre.* Man wird hier also wohl, wie P. Meyer vorgeschlagen, *soferre* einsetzen müssen. *Conquerre* mit auslautendem *e* ist metrisch gesichert bei Gauc. Faid. 9 (M. W. 2, 94), *soferre* in 3 silbiger Geltung bei Guir. de Born. 54 (Arch. 33, 315). — Wegen der Herleitung aus *ferre* resp. *quaerĕre* vergl. die Formen auf betontes *er* und *ir* (p. 19). Für die dort angesetzten Formen *fer,*

---

*) Vergl. aber *caber,* endungsbet. Aman. des Escas, Ensenhamen, Chr.⁸ 328, 41 steht *aperceber* im Reim auf *sezer.*

**) Vergl. *crebir,* endungsbet.

***) S. aber *veser,* endungsbet. In der Confession, Chr.⁸ 20, 32 steht *veir* im Innern des Verses, der übrigens nicht vollzählig ist. In »La Gesta« von Raim. Cornet, Chr.⁸ 361, steht auch *seyre* (sedere) im Reim auf *veyre.*

quer finden sich hier als Belege die Infinitive *cher*, *enquer*, *profer* bei Folq. 2 (Arch. 50, 282) im Reim auf *fer* (ferrum), *ver* (versus).

Ordre, *bordre*, *cordre*, Nebenformen zu *ordir*, *bordir* und *cordar*, bei Raimb. d'Aur. 10 (M. G. 920 nach M). Für *cordre* bieten I und D (M. G. 624, 939) *detortre*, resp. *detordre*, sie haben aber den Vers verdorben. Paroxytonische Geltung ist durch Reimwechsel gesichert. Die Infinitive müssen demhach wohl dem Dichter zugeschrieben werden, der sich überhaupt gern formelle Freiheiten zu gestatten scheint. (S. z. B. auch *pliure*, *siure*.)

Perdre, lat. *perdère* und das Compositum *esperdre* reimen bei Lamb. de Born. 5 (Muss. 444) mit *erdre*, *erigère* und dem Compositum *derdre* (= aderdre). Dass die Hs. einmal *ercle* statt *erdre* bietet, erregt keinen Anstoss, auch wenn man es nicht als blos verschrieben ansehen will. Das auslautende *e* ist metrisch gesichert bei B. d. B. 25, 18 (ed. Stim.). — Aim. de Peg. 27 (F 68). — 50 (F 72). — Folq. de Mars. 22 (Arch. 51, 264). — Raimb. d'Aur. 36 (Arch. 35, 133).

Roire, lat. *rodère*, begegnet in dem schon erwähnten schlecht überlieferten Liede Raimb. d'Aur. 22 (M. G. 626/27). Die Form ist correct und auch von D, I, M, a übereinstimmend geboten; ausserdem ist sie die einzige von den bei Ray. Lex. aufgeführten, welche, wenn auch in der Schreibung *royre*, belegt ist.

*Segre**) geht auf lat. *sequere* statt *sequi*. Es steht bei Raimb. d'Aur. 10 (M. G. 320. 624. 939) im Reim auf *alegre*; ebenso die Composita *consegre*, *persegre*, *aconsegre* bei El. Cair. 4 (Arch. 33, 444). Paroxytonische Geltung beweist Reimwechsel bei Raimb. d'Aur. 10. Die Endung *re* ist metrisch gesichert bei Folq. de Mars. 7 (Arch. 51, 263). — Gauc. Faid. 56 (F 28). — P. Vidal 24, 6 (ed. B): *no pot segr' autras voluntatz*.

---

*) Vergl. aber *seguir*.

Anmerkungen[1]).

1) (S. [2])   **Reimreihen auf ar.**

Die Bemerkungen über die Qualität der provenzalischen
Infinitivendung *ar*, pag. 12, gaben Veranlassung, bei der Vor-
führung der Reimreihen auf *ar* die Behandlung auf franz. Gebiet
zu berücksichtigen, wodurch zwar das ganze Material in mehrere
Gruppen auseinandergerissen, die Vollständigkeit der Aufstellung
aber nicht beeinträchtigt wird.

Dass das provenzal. *ar* nicht der franz. Infinitivendung *er*
entsprach, geht aus vielen Wörtern hervor, welche in franz.
Reimreihen *er* unzulässig sein würden. So findet sich *far* (frz.
nur *faire*) in den Reihen bei: Aim. de Bel. 4. —. Aim. de Peg.
30*[3]). 46. 47. 52. — Alb. Marq. 1. — Alb. de Sest. 14*. — Ameus
de Broq. 1. — Arn. de Com. 1*. — Arn. de Mar. 8. 15. —
Bereng. de Palaz. 10. — Bereng. Trob. 1*. 2*. — Bern. Marti
7. — Bern. de la Fon 1. — Bern. de Vent. 4*. 40. — Bertol.
Zorgi 5. 8. 17. — Bertr. d'Alam. 4*. 15*. 19*. — B. d. B. 21.
27. 35. 39. 43*. — B. Carb. 7*. 16*. 17*. 66*. — B. de Paris
1. — Bonif. Calvo 2. 9. 14. 17*. — Caden. 10. 23. — Clara
d'And. 1. — Dalfi d'Alv. 7*. — El Cair. 10. 13*. 14. — Eperd.
3*. — Folq. Lunel 1. 5. — Folq. de Mars. 8. 20*. — Folq. de
Rom. 6. — Gar. d'Apchier 5*. — Gar. lo Brun 1*. — Gauc.
Faid. 4. 5*. 19. 37. 41. 42*. 55. — Graf Guill. IX. 8. — Gui de
Glot. 1. — Gui d'Uis. 7. 8*. — Guigo 1*. — Guill. Adem. 3.
7*. — Guill. de Berg. 3*. 11. — Guill. de Cabest. 6. — Guill.
Fig. 2*. 4*. — Guill. Gasmar 1*. — Guill. Magr. 2. — Guill.
de Montah. 6. 8*. — Guill. de Mur. 1. 5. — Guill. Peire de
Caz. 1. 9. — Guill. de S. Greg. 3. — Guill. de S. Leid. 4. —
Guill. de la Tor 5*. 6*. 7. 12. — Guir. de Born. 1. 7. 11. 31.
32. 33. 38. 45. 50. 63*. 78. 80. — Guir. de Cal. 11. — Guir.
d'Esp. 3. 6*. 10. — Guir. del Ol. d'Arle 5*. 15*. 28*. 35. 44*.
47*. 48*. 51*. 69*. – Guir. Riq. 2. 14. 15. 16*. 19*. 30*. 37*.

---

1) Die Anmerkungen fehlen in den als Marburger Doctor-Dissertation
erschienenen Exemplaren dieser Arbeit.

2) Die mit * versehenen Reihen sind aus lauter Infinitiven gebildet.
Citirt ist nach Bartsch's Grundriss.

45. 46.-49. 53*. 59*. 61. 63*. 68. 76. 79. 87. 88*. — Joios de
Tol. 1. — Lamb. de Bon. 7. 8. — Lanfr. Cig. 13. — Mrcbr.
15. 29*. — Matfre Erm. 2. — Palais 2*. — Paul. de Mars. 3.
5. 7. — P. d'Alv. 10. 14. — P. Brem. 10. 15. — P. Brem. lo
Tort 1. — P. de Buss. 1. — P. Card. 9. 12. 42. 66. — P. Erm.
1. — P. Milo. 5*. 7. — P. Raim. de Tol. 3. — P. Vidal 22.
30. 37. 43. — Pistol. 3. 5. 6*. — Ponz Fabre 1. — Ponz de
Capd. 16. 18*. 25. 27*. —· Ponz. d'Ortaf. 1. — Pujol 3. —
Raimb. d'Aur. 1. 19*. 39. — Raimb. de Vaq. 20. 21. 23. 32. —
Raimon 3*. — Raim. d'Avinho 1. — Raim. Gauc. 9*. — Raim.
Jord. 2. — Raim. Menudet 1. — Raim. Mirav. 5. 20. 39. —
Raimon de Pons. 1*. — Rich. de Berb. 1. 2*. 3. 9. — Serv. 5.
15*. — Sordel 2. 5. 7. 12*. 18. 20. 23*. 24. — Tomier 1. —
Uc 1 (Cobl. 12—17). — Uc Brunet 7. 8. 12. 41. — Anon. 5.
12. 16*. 36. 96. 103. 120*. 123. 126*. 165*. 180*. 181*. 192*.
197. 218. 227*. 239. 250*.

par, III. sg. prs. (frz. *pert*) bei: Aug. Novella 1. — Bern.
d'Auriac 3. — B. de Vent. 39. — Bertol. Zorgi 15. — B. d. B.
45. — Blancass. 6. — El. Cair. 3. — Engles 1. — Gui d'Uis.
6. — Guill. Adem. 12. — Guir. de Born. 60. 74. — Guir. del
Oliv. 8. 16. 18. 42. — Guir. Riq. 7. 22. — P. d'Alv. 1. — P.
Raim. de Tol. 1. — P. Vidal 2. 44. — P. Salv. 1. — Raimb.
d'Aur. 18. 25. 28. — Raim. de Mir. 11. 16. — Anon. 15.
61. 86.

guar, III. sg. prs. Conj. bei: Guill. de S. Leid. 6. — Gui. d'Uis.
12. — P. Card. 42. — P. Guill. 5. — Raimb. de Vaq. 11. —
Vesc. de Tor. 1.

ampar, resp. *desampar*, III. sg. prs. Conj. bei: Aim. de Bel.
1. — Gavauda 3. 8. — Guir. de Born 24. — Oste 1. —
Serveri 14.

dar (frz. nicht erhalten) bei: Arn. Dan. 18. — Graf v.
Foix. 2. — Joan Est. 5*. — Anon 31a*. — Raim. de las
Salas 3.

Es bleibt nun noch eine beträchtliche Zahl von Reihen, in
denen sich keines der angeführten Reimworte findet. Von
diesen Reihen scheidet sich wieder eine Gruppe aus, in welcher
bei Umschreibung in franz. Formen eine wenigstens für das
Gemein-Altfranz. unzulässige Mischung von *er* und *ier* im Reim
entstehen würde: Aim. de Bel. 12. — Aim de Peg. 2. 8*. 19.
44*. 50*. — Arn. Dan. 7. — Arn. de Mar. 12. — Aug. Nov.
3*. — Aust. de Segr. 1. — Bern. 4*. — B. d'Auriac 2*. —
B. Marti 2. — Bern. de Vent. 19. — Bert. e Gausb. 3. — Bertr.
Alb. 2*. — B. de B. 7*. 15. — Bertr. Carb. 27*. 32*. 37*. 43*.

49*. 52*. 78*. 79. 85*. 88*. — Blancass. 3*. 11. — Boëth. VIII.
X. XXII. — Bonif. Calvo 17*¹). — Daude de Prad. 1*. 15. —
Folq. de Mars. 13. — Gauc. Faid. 18. 63. — Gausb. de Poic.
6*. — Graf v. Rodes 1*. — Guill. Aug. 3*. — Guill. de Berg.
5*. 7*. — Guill. Evesque. 1. — Guill. Godi 1*. — Guill. de la
Tor 8. 10*. — Guir. de Born. 55*. — Guir. de Cal. 7. — Guir.
d'Esp. 4. 5. — Guir. del Ol. 6*. 20. 37*. 54*. 68*. 74*. — Guir.
Riq. 3*. 24. 27*. 60. 70. — Izarn Marq. 1. — Jacme Mote 2*.
Joan Est. 7. — Joan de Pennas 1. — Lanfr. Cig. 7. — Lunel
de Mont. 1*. — Marcbr. 1. 19. 20. 23*. 32. — Maria de Vent.
1. — Matfre Erm. 3*. — Paul Lanfr. de Pist. 1*. — Paul. de
Mars. 8. — P. d'Alv. 17. — P. Basc. 1*. — P. Brem. 3. —
P. Card. 63*. 67*. — P. Vid. 23. 24. — P. Vilar 1. — P. Raim.
de Tol. 4*. — Peirol 12. 33*. — Ponso 2. — Ponz de Capd.
22. — Puyol 1. — Raimb. d'Aur. 17. — Raimb. de Vaq. 3.
4*. — Raim. de Casteln. 5. — Raim. Gauc. 1. — Raim. Jord.
3. 7*. 10*. — Raim. Mir. 10*. — Rich. de Berb. 4*. — Rofin
1. — Serveri 1. 12*. 16*. — Sordel 1*. 31. — Uc de S. Circ
33*. — Anon. 9. 10*. 18*. 63. 84*. 94*. 112. 114*. 116*. 156*.
170. 183. 193*. 203a. 217*. 220a*. 224. 226. 233*. 246*.

Die übrigen provenzal. Reimreihen auf *ar* würden auch in
französ. Umschreibung reine Reimreihen ergeben, und zwar
auf *er*:

Adem. de Rocaf. 3*. — Arn. Cat. 2*²). — Arn. Dan. 16.
— Bern. de Pradas 1. — Bern. de Vent. 38*. — Bertol. Zorgi
13*. — B. de B. 33*. — B. Carb. 25*. 30*. 45*. 56*. 67*. 70*.
74*. 89*. 94*. — Blanc. 9*. — Dalfi d'Alv. 3*. — Gorm. de
Monpesl. 1*. — Gui d'Uis. 18. — Guill. de la Tor 2*. 9*. —
Guir. de Born. 3*. 61. — Guir. d'Esp. 7*³). — Guir. del Ol.
9*. 10*. 19*. 30*. 33*. 40. 49*. 52*. 63*. 67*. 72*. 73*. — Guir.
Riq. 57*. — Lanfr. Cig. 2*. — Mrcbr. 40*. — Marcoat 1*. —
Mat. de Caerci 1. — Peire d'Arago 1*. — P. de la Car. 1*. —
P. Milo 6*. — P. Raim. de Tol. 16. — Serveri 13*⁴). — Sordel
3*. 9*. — Anon. 68*. 72*. 99a*. 106*. 149*. 190* (Arch. 34,
375)⁵). 203*. 251.

---

1) Die Schreibung *menacier*, *comtier*, *trover* beweist nicht französ.
Ursprung; denn frz. wäre *comter* die richtige Form, und könnte *menacier*
überhaupt mit den beiden Infinitiven nicht reimen.

2) Interess. Gedicht wegen der zahlreichen flex. Formen von *chantar*
im Reim.

3) Umgekehrte Schreibung auf *ier*.

4) Interess. Wechsel von Simpl. und Compos.

5) Ist ein frz. Lied. S. Arch. 43, 296, wo sogar Reimwechsel von *er*
und *ier* vorkommt.

Auf *ier*: B. v. Clerm. 1. — Bertr. Carb. 86. — Guill. Magret 6. — Guir. del Ol. 23. 58. — Anon. 237.

Der Vollständigkeit halber mag noch erwähnt werden, dass sich auch zwei provenzal. Reimreihen auf *ar* finden, welche keine Infinitive enthalten. Die erste, Azal. de Porcar. 1 (P. O. p. 27) bietet: *Bel-esgar* und *caslar*; das Gedicht hat Reimwechsel, es fehlen aber in allen Drucken sowol als auch in *D a* zwei weitere Reimworte auf *ar*. Die andere Reihe, bei Raim. de las Salas 2 (B. L. 101) bildet Refrain. Reimworte sind *par*, III. sg. prs. ind., *clar*, *mar*, oblg. sg. und nochmals *par*, III. sg. prs. ind.

2) ([13])   Reimreihen auf ir.

Adem. lo Negre 4. — Aim. de Bel. 1. 3. 11. 13. 15*. 18*. — Aim. de Peg. 15*. 20*. 23. 28. 39. 46. 50. 51. 53.—Alb. de Sest. 7. 16*.—Ameus de Broq. 1. — Arn. Cat. 4. — Arn. Dan. 13. 16*. ↳ Arn. Donat (Joyas p. 21). — Arn. de Mar. 1. 2. 12. 14. 15. 19. 22. 23*. 26. — Arn. P. d'Agange 1. — Arn. de Tint. 1. — Astorc de Salh. (Joyas p. 13). — Aug. Novella 3*. — Azar 1. — Bereng. de Palaz. 3. 5. 6*. 7. — Bereng. Trob. 1. — Bernart. 3. 4. — Bern. de Bond. 1. — B. Marti 2*. — B. de Pradas 1. — B. de Vent. 1. 2*. 9. 13. 14*. 25*. 34. 38. — Bertol. Zorgi 3*. 7. 9. 13*. 16. 17. — Bertran 2*. — Bertr. Alberic 2*. — B. de B. 11. 11. — Bertr. Carb. 1. 4*. 6. 7. 11. 13*. 21*. 38*. 39*. 44*. 55*. 57*. 75*. 76*. 83*. 93*. — Bertr. de Paris 1. — Bischof v. Basaz 1*. — Blacatz 4. 12. — Blanc. 2. — Bonif. Calvo 1*. 2*. 9. 12. 15. 16. 17*. — Caden. 2. 3. 8. 17. — Castelloza, na, 1. — Dalfin. 1*. — Dante de Maj. 1*. — Dasp. 1*. — Daude de Pradas 1. 6. 7. 9*. 14. 16. 17. — Dona de Villan. (Joyas p. 278). — Duran Sartre de Carp. 1*. — El de Barj. 4. 7. 8. 9. 10. — El. Cair. 6. 11*. — Enric 1. — Eperdut 1. — Epitre far. d. S. Est. (Rev. d. l. r. II. 138, 9). — Folquet 2. — Folq. Lunel 5*. — Folq. de Mars. 5. 6. 11. 15. 23. — Folq. Rom. 8. 10*. 11. 13. — Garin d'Apchier 7. 8*. — Gaucelm 1. 5. — Gauc. Faid. 1. 3. 14. 16. 20. 22. 30. 31. 35. 37. 38. 39. 49. 53. 55. 60. 63*. — Gausb. de Poic. 2*. 8*. 10. — Gavauda 3. 9. — Graf Guill. IX. 7. 8. 11*. — Graf v. Provence 2. — Graf. v. Rodes 1*. — Gräfin v. Prov. 1*. — Gui d'Uis. 18*. — Guill. Adem. 1. 12. — Guill. Anel. 2. — Guill. Aug. 5. — Guill. de Berg. 4*. 6*. 7*. 16. 20. — Guill. Fabre 1. — Guill. de Figu. 1. — Guill. de S. Leid. 1. 13. 15.— Guill. Magr. 2.—Guill. Montaignag. 8. 11.—Guill. de Mur 7.— Guill. Raimon 3*. — Guill. de la Tor 2*. 4. 5. 7. 9*. 12. — Guionet 3*. — Guiraudo lo Ros. 2. 7. — Guir. de Born. 3*. 4. 18*. 28. 34. 43. 45. 52*. 56. 59*. 61*. 63. 68. 76*. — Guir.

de Cal. 1. 2*. 3. 4*. 10. 11. — Guir. d'Esp. 6. 15*. — Guir.
del Ol. 1*. 2*. 7*. 12*. 24. 43*. 47*. 51. 54*. 61*. 66*. 75*. 76.
— Guir. Riq. 3. 8. 9. 19. 20. 21. 24. 38. 41. 44*. 49. 51. 52.
59. 60. 64*. 70. 72. 78*. 82. — Huc de Valat (Joyas 16—19)*.
n'Iseus e n'Almac 2*. — Jaufre Rud. 4. — Joan Est. 3. 7*.
9*. — Joyos de Tol. 1*. — Lais Mark. 175 ff. (Zeitschr. 1, 65).
— Lais Non par. 81 ff. (Zeitschr. 1, 67). — Lamb. de Bon. 3.
5*. 10*. — Lanfr. Cig. 2*. 19. 22. 24*. — Lunel Mont. 1*. —
Mrcbr. 7. 16. 20. 22. 23*. 39. 41. 42*. 43*. — Mönch v. Foiss.
1. — Mönch v. Mont. 6*. 7. 13. 14*. — Moter 1. — Oste 1*.
— Ozil de Cadarz 1*. — Paulet de Mars. 5. — P. d'Alv. 3.
13. 14. 21*. — P. Basc. 1*. — P. Brem. 3. 8. 10. 12. 13*. 17.
19. 21. — P. Brem. lo Tort 1. — P. de Buss. 1. — P. Card.
4. 7. 16*. 18. 31. 37*. 54*. 60. — P. Duran 2*. — P. Duran
(Joyas p. 25)*. — P. Esp. 3*. — P. de Gav. 1*. — P. Guill. 1*. 2.
3. — P. Guill. de Tol. 1*. — P. Milo 6. — P. Peliss. 1*. —
P. Raim. de Tol. 3. 5. 6. 7. 10. 17*. 18. 20. — P. Rog. 3. 4.
5. — P. Vidal 4. 8. 12. 13. 23. 26*. 31. 39. 49. — P. de Vilamar
(Joyas p. 214—216). — Peirol 1. 27. — Perdigo 1. 3. 4. 5. —
Pistol. 4*. — Planch de S. Est. (Rev. d. l. r. II. p. 141). —
Pons d'Ortaf. 1. 2. — Ponso 1. 2. — Ponz Barba 1*. — Ponz
de Capd. 1. 4. 6. 9. 26. — Raimb. d'Aur. 7. 34. 37. 40. —
Raimb. de Vaq. 6*. 11*. 29. 32*. — Raim. Durf. 1. — Raim.
Jord. 3. 4. 7. 12. 13*. — Raim. Mir. 4. 7. 36. 39. 47. — Raim.
Bist. de Russ. 1*. — Raim. de las Salas 1. 4. — Raim. de
Tors 4. 6. — Rainaut de Pons 1*. — Ralmenz 2. — Refors.
de Forc. 1. — Rich. de Berb. 3. 4. 7*. 8. — Salomo 1*. —
Serveri 6*. 14. — Simon Doria 3. — Sordel 6*. 12. 25. — na
Tibors 1. — Tomas 1. — Tomier 1*. — Uc de la Bac. 3*.
4. — Uc Brunet 2. 5. — Uc del Esc. 1. — Uc de Pena 1. —
Uc de S. Circ. 3*. 12. 16. 40. — Anon. 5. 7. 8. 9*. 13. 28.
30*. 47*. 49. 54*. 61*. 67. 70. 78*. 84. 102*. 112. 123. 130.
137*. 140a. 142a. 154. 180*. 186*. 190. 191. 222. 225*. 227*.
231. 236. 237*. 242*.

Der Vollständigkeit halber ist zu erwähnen, dass sich in
zwei Gedichten kurze Reimreihen auf *ir* finden, welche keine
Infinitive enthalten. Paulet de Mars. 2 bietet *sospir* und *dezir*
I. sg. prs. als Refrainreim 6 mal wiederkehrend. Uc de Murel
1 enthält die Verbalformen *mir*, *azir*, *tir* und den obl. sg. *dezir*.

3) ([20])　　　**Reimreihen auf er.**

Adem. de Rocaf. — Aenac 1*. — Aim. de Bel. 13. 16. —
Aim. de Cat. 2*. — Aim. de Peg. 4. 8. 10*. 21*. 33. 45. 50*.
— Alb. de Sest. 6. 18*. — Alex. 1. — Arn. Dan. 17. — Arn.

de Mar. 9. 12. 21. 23. 24*. — Aug. Novella 1. — Aust. d'Orlac
1*. — Beatr. de Don. 4. — Bereng. de Palaz. 4. 6*. 11. 12. —
Bernart 3. — B. Arn. d'Arm. 1*. — B. Marti 2*. — B. de
Pradas 2. — B. de Rovenac 2. 3*. – B. de Vent. 2. 4. 10. 15.
21. 25. 42. 43. 45. — Bertol. Zorgi 9*. 12. 13*. — Bertran 2.
— Bertr. d'Alam. 4*. 10. — Bertr. Albaric 2*. — B. de B. 6.
10*. 29*. 38*. 40. 42*. — Bertr. Carbon. 5. 7. 23*. 26*. 39*.
44*. 49*. 63. 64*. 71*. 73*. 74*. 82*. 89*. 91*. — Bertr. de Roais
(Joyas 181—183)*. — Bonif. Calvo 1*. 5. 6. 10*. 13. 16*. 17. —
Caden. 2. 4*. 6. 8*. 25. — Cerc. 3. 4. — Daude de Prad. 1*.
2. 9a. 10. 11. — El. Barj. 3. 10. — El. Cair. 5. 8. — Esteve
1*. — Folquet (B. Grdr. 153). — Folq. Lunel 4. — Folq. de
Mars. 3. 13. 18. 22*. 27. — Folq. de Rom. 6. — Garin d'Apchier
3. 5. — Gaucelm 5*. — Gauc. Estaca 1. — Gauc. Faid. 20a.
28. 38. 40. 44a. 52. 56. 58. 62. — Gausb. de Poic. 11. —
Gavauda 5. 11. — Na Gorm. de Monp. 1. — Granet 1*. —
Gui d'Uis. 15. — Guill. Anel. 1. — Guill. Aug. 4*.*– Guill. de
Berg. 3. 5*. 7*. 14. — Guill. de Cabest. 1*. — Guill. de Durf.
1*. — Guill. de Fig. 2. 4*. 5. — Guill. Montah. 9. — Guill. de
Mur 8. — Guill. P. de Caz. 5*. 7. — Guill. de Salig. 1. —
Guill. de S. Leid. 11. 13. — Guill. de la Tor 2*. 4. 5. 6. 9*.
12*. — Guiraudo 1*. — Guir. de Born. 2. 22. 30*. 37. 53. 61*.
74. 78*. — Guir. de Cal. 1. 2*. 7. 10. – Guir. d'Esp. 12. —
Guir. del Ol. 3*. 25. 26*. 33. 34*. 38*. 44*. 53. 55. 69*. 72*.
74*. – Guir. Riq. 7. 12. 17. 23. 28. 31. 40*. 42. 46. 51. 52.
60. 61. 70. 76. 78*. 80. 83. 84. 88. — Isabella 1. — Izarn Riz. 1. —
Jacme Mote 1. — Jaufre Rud. 6. — Joan Est. 1. 3*. 5. 8. 9.
10. — Joios de Tol. 1. — Jord. de Cof. 2. — Lamb. de Bon.
2. 8. – Lanfr. Cig. 3*. 4*. 9. 16. 17*. 25*. 26*. — Maistre 1.
— Mrcbr. 20*. 23*. 38. — Mat. de Caerci 1. — Mönch v.
Mont. 4*. 6*. 8. 14. 15.— Noel (B. Chr.⁸ 17). – Ozil de Cadarz
1. — Paul. de Mars. 2. 8. — Peire d'Alv. 18. 23. — P. Bremon
1. 15. — P. Card. 1. 3*. 5. 6. 15. 33*. 38. 42. 43*. 46. 51*.
58. — P. Duran (Joyas p. 25)*. — P. Guill. de Tol. 1*. —
P. Milo 9. — P. Raimon de Tol. 1*. 5*. 10. 20*. — P. Rog. 5.
7. — P. de Val. 1*. 2*. — P. Vidal 9. 21. 22. 38. 39*. — Peirol
6. 7. 9. 17*. 18. 19. 21. 33. — Perdigo 3*. 4. 9. — Ponz de Capd. 4.
5. 23. — Pons d'Ortaf. 2. — Preb. de Val. 1. — Raimbaut 1.
— Raimb. d'Aur. 2. 4. 9. 14. 17. — Raimb. de Vaq. 3*. 20.
21. 23. 24. 28. — Raim. Jord. 1. 2. 4. 6. 7. — Raim. Mir. 7.
22. 26. — Raim. de las Salas 1*. 5*. — Rainaut de Pons 1. —
Rich. de Berb. 4. — Serveri 5. 14. — Simon Doria 1. — Sordel
11. 13*. — Templier 1. — Uc de la Bac. 4. — Uc. Brunet 7*.
— Uc de S. Circ 9. 20*. 25. 29*. 31. 35. 36*. 37. 40*. 42*. —

Veso. de Torena 1. — Anon. 27. 30*. 67*. 102*. 123. 123 a*. 128. 188*. 200a*. 204. 213*. 222*. 224. 226. 227*. 243*. 248*.

Der Vollständigkeit wegen geben wir auch eine Zusammenstellung der Reimreihen auf *er*, welche keine endungsbetonten Infinitive enthalten:

Alb. de Sest. 8. — Aim. de Peg. 44. — Arn. de Tint. 1. — Bern. de Pradas 1. — Bertol. Zorgi 3. — Bonafe 1. —. Bonif. Calvo 8. — Folquet 1 (B.. Grdr. 155)[1]). — Guill. de la Tor 9. — Guir. del Ol. 9. — Mönch 19. — P. d'Alv. 12. — Ponz Fabre 2. — Raimb. d'Aur. 19. — Raimb. de Vaq. 17. — Raim. Jordan. 8. — Anon. 210a. 219.

4) ([21]) Das Gedicht ist nirgends gedruckt (R. 5, 239 steht nur eine Cobla); es folgt daher hier die betreffende (letzte) Cobla mit der Tornada nach E:

> • Ben es ara en gran pantais
> sel tan ho ten que ieu men lais
> quar no mi pot far remaner
> ab tot quant ha trosca Roais
> en Anclaterra ni ontramer.
>
> Tos tems meillura e creis mais
> nostramor non pot remaner.

(Nebenbei spricht die Bindung von frz. *mer* mit provenzal. *e estreit* für die von manchen Gelehrten bestrittene geschlossene Aussprache von afrz. *e* [= lat. *a*]).

Im Gegensatz zu den übrigen Reimreihen auf *er* findet sich in denjenigen, welche keine Infinitive enthalten, auch keines der anderen Wörter, welche auf *ẹr* zurückgehen (dagegen steht *esmer*, III. sg. prs., in einer solchen Reihe bei P. d'Alv. 12, Mahn G. 231). Der Donat (Stengel, Provenz. Gram. p. 48) scheidet also mit Recht *er(s) larg* und *estreit*. Besonders deutlich zeigt sich diese Scheidung in solchen Gedichten, in welchen zwei Reihen auf *er*, nach der Qualität dieser Silbe scharf auseinander gehalten, zugleich vorkommen. Das Gedicht Nr. 19 von Raimb. d'Aur. (M. G. 360) z. B. ist nach der Reimformel *a b c d d d e e* gebildet. Die Reime *a* und *e* gehen auf *er*; dabei enthält aber die Reihe *a* nur solche Wörter, welche auf lat. *ẹ* od. *ẹ̆* zurückgehen: *fer, enquer. sofer, esmer, er, ser*, I. sg. prs. ind., während die Reihe *e* nur Infinitive und ausserdem *ser (serum)* und *ver (verum)* aufweist. Aehnlich ist es bei Aim. de Peg. 44. — Guill. de la Tor 9. — Guir. de Born. 74. — Daude de Pradas 10. — Peirol 6. — Nicht beweisend ist dagegen ein nach *Q* in

---

1) Die Infinitive *cher, profer* in dieser Reihe sind stammbetont.

Arch. 33, 424 und nach *O* in Arch. 34, 376 abgedrucktes Gedicht mit überwiegend franz. Formen. Stellen wir rein franz. Formen her, so scheiden sich die Reime b^8 und c^8, welche nach den andern Coblen auseinander zu halten sind, in der That in *ier* und *er*, während sie provenzalisch beide in *ar* zusammenfallen. Interessant ist nur, dass in einigen der bei Mätzner p. 93 abgedruckten Texte der Reim *b* durch Einführung von *durer*, resp. *arester* statt *laissier* gefälscht und dadurch mit *c* zusammengeworfen ist.

5) (^{26}) Ausser den oben speziell angezogenen Gedichten finden sich Infinitive auf nachtoniges *er* nur noch bei G. de Berg. 1 (ed. Keller) und Anon. 220 (Arch. 50, 283), beide Reihen auf *eigner*, und bei Guir. del Ol. 61 (B. D. p. 43) auf *oysser*.

6) (^{27}) · **Reimreihen auf aire.**

Aenac 1*. — Aim. de Peg. 42. — Arn. de Mar. 5. 12. 19. — Arn. Peire d'Agange 1*. — Aug. Fig. 3. — Beatr. de Die 3. — Bereng. de Palaz. 4. — Bern. Marti 8. — Bertol. Zorgi 7. — B. de B. 26. 38. 43. — Bertr. Carb. 16. — Bertran e Javare 4*. — Bertr. del Poget 1. — Bern. de Vent. 4. 12. 29. 37. 44. — Bonif. Calvo 2. — Cadenet 4. 9. 12. 22. 23. — Dalfi d'Alv. 9. — El. Barj. 10. — El. Cair. 11. — Esperdut 2. — Folq. de Mars. 24. — Gauc. Faid. 4. 7. 33. 36. 38. — Granet 2. — Guigo 2. — Guill. Adem. 2. — G. de Berg. 22. — G. Fig. 2 (Str. 22)*. — G. de S. Leid. 8*. 9. 16. — G. Raimon 2. — Guir. de Born. 12. 36. — Guir. de Cal. 6. — Guir. d'Esp. 16*. — Guir. de Luc. 2. — Guir. del Ol. 50*. 60*. — Guir. Riq. 15. 32. 40. 66. — Joan Est. 8. — Joan Lag. 1. — Joios de Tol. 1. — Lamb. de Bon. 6. — Mrcbr. 5. 17. 30. 32. — Mönch v. Montaud. 6. 9. 18. — Mont. Sartre 1. — Peire d'Alv. 23. — P. Bussign. 2. — P. de la Carav. 1. — P. Card. 2. 27. 45. 48. 52. — P. Corb. 1. — P. Duran 2. — P. Raim. de Tol. 9. 10. — P. Vidal 1. 12. — Perdigo 7. 15. — Peirol 3. 11. 15. 17. 30. — Pistoleta 2. — Pons de Capd. 8. 22. — Pons Fabre 1. — Raimb. de Vaq. 32. — Raim. Casteln. 2. — Raim. Mirav. 10. 12. 19. 27. 29. 35. — Rain. de Pons 1. — Ricart de Tarasc. 2. — Sordel 1*. 12. — Anon. 70. 85. 228.

Drei Reimreihen auf *aire* weisen keine Infinitive auf: Jacme Mote 2. — Joan Esteve 9. — Lanfr. Cigala 17.

7) (^{30}) Reihen auf *iure* finden sich ausser den bereits im Text pag. 30 angezogenen noch bei: Arn. Dan. 11 (M. G. 425). — Guill. IX. 6 (M. W. 1, 2). — Mont. Sartre 1 (Ms. *M*). — Raimb. d'Aur. 10 (M. G. 320 M; 624 J; 939 D). — Peire Rogier 8 (M. W. 1, 120).

8) (⁸²)   **Reimreihen auf ire.**

Adem. lo Negre 3. — Aim. de Bel. 19. — Aim. de Peg 1.
20. — Alb. de Sest. 17. 18. — Arn. Dan. 18. — Arn. Guill. de
Marsan. 1. — Arn. de Mar. 4. 8. — Aug. Novella 2. — Bern.
Sicart 1. — B. de Vent. 4. 12. 25. 28. 30. 35. 44. — Bertol. Zorgi
1. 17. — B. de B. 10. — Bonif. Calvo 2.15. — Dalfi d'Alv. 3. —
El. de Barj. 6. 7. — El. Cair. 10. — Folq. Lunel (Eichelkr.
p. 36 ff.). — Folq. de Mars 1. 17. 22. — Folq. Rom. 6. 9. —
Gauc. Faid. 17. 32. 37. 44 a. 53. 55. 58. — Gorm. de Monpesl. 1.
— Graf v. Fland. 1. — Gui d'Uis. 3. 7. — Guill. Anel. 2. —
Guill. Augier 3. 5. — Guill. de Cabest. 5. — Guill. Fig. 2. —
Guill. de S. Leid. 8*. — Guill. Uc d'Albi 1. — Guir. de Born.
36. 61. 72. — Guir. de Cal. 1. — Guir. d'Esp. 4. — Guir. Riq.
15. 22. 32. 66. — Guir. de Sal. 4. — Joan Est. 9. — Jord. Bonel
1. — Lais Mark. 84 ff. — Lamb. de Bon. 4. — Mönch v. Foissan
1. — Mönch v. Montaud. 19. — Oliv. de la Mar 1*. — Peire
Bremon 2. 4. — Peire de Buss. 2. — P. Card. 9. 10. 27. 28. 32.
36. 60. — P. Raim. de Tol. 5. — P. Rogier 8. — P. Vidal 1.
33. — Peirol 1. 14. 15. 33. — Perdigo 7. — Pistoleta 1. —
Pons de Capd. 5. 7. 23. 24. 27. — Pons de la Garda 1. 5. —
Raimb. Gauc. 8. — Raimb. de Vaq. 18. — Raim. de las Salas
4. — Sordel 17. — Tomier 2. — Uc Brunet 4. — Uc. de S.
Circ 1. 16 31*. — Anon. 17. 35. 69. 144. 194. 230. 251.

Folgende Reimreihen auf *ire* enthalten keine Infinitive:
Arn. de Mar. 21. — Folq. de Rom. 5. Comj. 205. — Guill.
Augier 5. — Perdigo 15. — Peire Basc. 1. — Peire Milo 8. —
P. Raim. de Tol. 1. — Peirol 11. — Raimb. de Vaq. 7. —
Raim. Jordan 7. — Raim. de Mir. 3. — Anon. 42. 70. 196.

Verbesserungen:

S. 4 Anm. * Absatz 2, Z. 3 u. 4 lies: die Hs. N Bl. 273 a steht und sich
nach Jahrb. 11, 16 in Hs. *a* befand, jetzt gedruckt in Suchier's Denkm.
prov. Lit. Halle 1883, p. 326, wozu die Anm. p. 556 gehört. — S. 10
Anm. Z. 2 u. 3 streiche: *car* Guir. Riq. 61 (M. W. 4, 66). — S. 11 Z. 5
u. 4 v. unten streiche: ‚Arn.' bis ‚*res*'.
